浙江省“十四五”重点出版物出版规划项目

之江院士成长之路

钱江潮涌

丛书主编　徐善衍
执行主编　司马一民
编　　著　潘卓盈

浙江教育出版社·杭州

序

走进青葱岁月　启航科学之旅

院士，是我国自然科学和人文社会科学学科的顶尖人才和杰出代表，他们的每一项创新、每一次发现、每一次突破，都推动了我国科技事业的蓬勃发展，他们的璀璨成就令世人瞩目。他们矢志科研、报效祖国，凭借深厚的学术造诣和无私的奉献精神，为中华民族伟大复兴作出了卓越贡献，为构建人类命运共同体贡献中国智慧、中国力量。

中国第一台每秒亿次运算速度的巨型并行计算机系统的诞生、东方红一号人造卫星的成功发射、亚洲特色古新世哺乳类动物化石的重大发现……信息技术的革新、生态环境的改善、医疗技术的进步、农业生产率的提升等，无一不深深影响着我们的衣食住行、健康福祉乃至思维方式，成为推动社会进步的内生动力源泉，不断引领人类社会向前迈进。在这些举世瞩目的成就背后，无不留下院士们不懈探索、勇攀科学高峰的坚定身影，他们在人类认知的前沿艰辛探索，深入探究自然与社会的本质和规律。

从青涩少年成长为科学巨匠，一路走来，并不容易，他们遇到过常人难以想象的困难和挫折，也经历过看不清前路的迷茫和彷徨，但他们凭借着开拓者的无畏勇气、探路者的胆识气魄、奋进者的昂扬姿态，克服艰辛，不懈探索，勇攀科学高峰。追溯院士们的成长之路，了解他们一路走来遇到的难题与困惑，领悟其不畏艰难、勇攀高峰的精神，更能够激发我们内心的力量，引领我们在追求真理、实现理想的道路上披荆斩棘、勇往直前。

这些科学巨匠经历了怎样的人生故事，又是如何坚守各自的初心与使命？浙江教育出版社推出《之江院士成长之路》，讲述了百位院士的成长奋斗故事，让学生阅读故事，体悟院士初心。

之江，浙江的别称，因钱塘江蜿蜒曲折如“之”字而得名。浙江山川秀美、人文荟萃，特有的地理环境造就浙江人民自强不息、厚德崇文的气质品格。“浙”里走出多位院士，“浙”里为这些院士的成长提供了丰富的养分，滋养了他们的学术根基，培育了他们求知探索的科学家精神和为祖国谋发展的爱国情怀。之江院士成长于浙江，扎根于浙江，对这片土地怀有深厚的感情，他们“饮水思源”，不忘故乡，反哺故乡，《之江院士成长之路》正是向学生们传达院士这份爱故乡、爱祖国的情怀。

我们正处在新一轮科技革命和转变发展方式的历史交汇期，各领域的科技蓬勃发展，新兴技术层出不穷，我们的生活方式因此产生了巨大变化；随着大数据和人工智能时代的来临，人们的思维方式正面临巨大变革。在这重要的历史节点上，以《之江院士成长之路》为桥梁，青少年可以跨越时空与院士进行深入的对话，通过院士的成长故事，学习他们如何做人做事，感受以爱国主义为底色的科学家精神，获取解开成长道路上困惑和迷茫的钥匙，守正创新，启航未来，奋力追逐自己的人生理想。

少年强则国强。我们希望，通过这套丛书，能够提高学生的科学素质，培育具备科学家潜质、愿意献身科学研究事业的青少年群体，为国家培养堪当时代重任的社会主义建设者和接班人，为加快建设教育强国、科技强国、人才强国贡献力量，为全面建设社会主义现代化国家夯实基础。

是为序。

中国科协—清华大学科技传播与普及研究中心理事长　徐善衍

写在前面

白浪涌钱塘，弄潮在之江。

浙江因江而名。江，就是以“天下第一潮”享誉古今、闻名中外的钱塘江。这条“浙江的母亲河”，千百年来奔流不息，不仅留下了珍贵的文化财富，更造就了一代又一代“勇立潮头”的弄潮儿。

潮，是江海的高歌，流淌着绵延不绝的千年文脉。与时俱进的“浙江精神”，一直是蕴藏于浙江基因中的深厚力量。习近平总书记曾把“浙江精神”比作钱塘江水，“藏珍纳景，激波扬涛”。像热血一样翻腾，像惊雷一般震撼，钱江潮赋予了浙江儿女不畏逆境、不惧挑战的力量。

自古以来，浙江名人荟萃，有着深厚的文化积淀。被誉为“天下粮仓”“鱼米之乡”的杭嘉湖平原，更是人才辈出。群星璀璨、交相辉映，在历史的发展脉络中，形成了极具浙江辨识度的科学家群落。

被誉为“中国连拱坝之父”的水利专家汪胡桢，是我国现代水利工程技术的开拓者；中国工程院院士陈士橹被誉为中国航天科技教育领域的开拓者与奠基人之一，长期致力于弹性飞行器飞行动力学与控制的研究；中国工程院院士徐更光终身从事爆炸理论与炸药应用技术研究，被称为炸药界的“传奇”；“共和国神剑”的铸造者屠守锷，从风华正茂，到年逾花甲，将自己的一生无私奉献给了祖国的航天事业；自动控制和航天工程专家屠善澄淡泊名利，一辈子献身航天事业……他们勇立潮头，敢于梦想，直面风云，以科学为器，成为大国脊梁。他们用自己成长和奋斗的历史，诠释了什么才是“浙江精神”。

（注：本书中的院士排名不分先后，按姓氏笔画排序）

目录

我没有什么才干，我只不过能抓住一切机会勤奋学习，学到一点切合实际应用的水利技术，能为国家做一些水利工程，培养出若干优秀的水利人才罢了。

我和竹子结下了不解之缘，尝尽了酸、甜、苦、辣，竹子给我带来了多少个烦恼和不眠之夜，也给我带来无比的喜悦和欢欣！

系统工程是一门研究怎样才能“人尽其才、物尽其用”的实用科学，体现出跨学科的一切特点，也体现了科学的“杂交优势”。

做事业要慢慢来，好比（跑）马拉松，要坚持不懈，成功应该是一个漫长的循序渐进的过程。不要期望神仙相助，要慢慢积累，脚踏实地。

每个学子的心中都有一颗星，如果能让自己出彩一点，整个星空就会更加灿烂。

在“中药科学化”的方针下，我应该尽最大力量，将许多国药的药理作用研究清楚，以便为广大人民解除用药（带来）的苦痛。

卢良恕

耕耘一生的小麦育种与栽培学家

为了国家的农业振兴，我要走遍祖国的山山水水，了解民情民意，掌握我国各区域农业生产的基本情况和特殊规律。

1953年4月的淮北，一场晚春霜冻灾害突袭了正在孕穗的小麦苗们。一年的希望眼看就要毁于一旦，田间地头的农民们一个个焦急不安却又一筹莫展。

此刻，卢良恕和同事们正蹲在田里，细细察看一株一株的麦苗、一片一片的麦叶，果然发现了一丝转机，于是他们赶紧安抚农民们：不必翻耕改种，通过采取浇水、追肥、加强田间管理等抢救措施，就有望实现麦收。一听到“一年的希望”有救，大家瞬间变得欢欣鼓舞。

后来，通过农民们的奋力抢救，原本受灾的小麦果然恢复了生机，农民们也开心地等待收成。一场田间自然灾害就这样转危为安。

家学渊源

“民以食为天，少不了农业。国要富庶，少不了工业。”贵阳市清华中学毕业的卢良恕，正和家人在商讨自己未来事业的发展方向，外祖父胡仁源如是说。他建议，卢良恕和弟弟卢良惠一个攻读农业，一个攻读工业。

此时的卢良恕有着“科学救国”的强烈愿望，于是，他听从外祖父的建议，考取金陵大学（今南京大学）农学院，从此走上了一条振兴农业、投身农业的道路，与农业结下了一生不解的情缘。

卢良恕年少时的报国梦与他诗书家庭的耳濡目染密不可分。卢良恕的祖父家在湖州。他自幼未曾见过祖父，据说祖父经商，家境比较富裕。可依然受传统文化的影响，祖父十分重视教育，希望自己的下一辈能够成为饱学之士。卢良恕的父亲卢泽之毕业于上海市南洋中学，之后留学美国攻读经济与金融管理专业，回国后在上海交通大学任教。

相比于祖父家，卢良恕的外祖父家更加声名显赫，外祖父胡仁源堪称20世纪初中国教育界的风云人物。胡仁源，工科出身，崇尚实业救国。但胡仁源的文科成绩也非常优秀，被蔡元培评价为“善为文，富哲学思想”。他翻译过的著作有歌德的《哀格蒙特》、萧伯纳的《圣女贞德》、康德的《纯粹理性批判》……他任北京大学校长时，招聘了一批国外留学生和倾向革新的人士到北京大学任教。

外祖父胡仁源

卢良恕的母亲胡丽安是典型的大家闺秀，接受过高等教育。这对少年时代的卢良恕影响颇大。他印象中的母亲有着那个时代知识女性的典型特征：上过教会学校，懂英文，听收音机时喜爱收听英文频道，会唱很多英文歌；性格独立，不依赖他人，爱交朋友；在教育孩子这件事情上有耐心，在教育方法上也很有一套。

1924年，卢良恕在上海出生。1926年，卢良恕的弟弟卢良惠出生。卢泽之的国学功底非常深厚，尤其推崇儒家文化，便为长、幼两子分别取名为“良恕”“良惠”，以表达他对孩子们未来的期许与厚望。

在卢氏兄弟的记忆中，家里从小就要求他们重视学习。毛笔字自然是逃不掉的，常要按照九宫格临摹，《三字经》也要读。后来上了小学，还要在学校里读一些《论语》《孟子》之类的经典书籍。

1930年，卢良恕进入苕溪小学学习。家里将弟弟卢良惠一并送去，算是陪读。没想到年仅5岁的弟弟居然也跟得上课程，从此两人便在同一所学校，直至高中毕业，各自升入大学。

孩子大一些之后，母亲胡丽安便独自从家乡出来，到杭州工作。卢氏兄弟在吴兴读了5年小学，这时母亲胡丽安在杭州的生活也稍稍稳定下来，于是便把两个孩子带到杭州读书。

1936年，卢良恕考入蕙兰中学（今浙江省杭州第二中学），成了一名初中生。

辗转求学

1937年，七七事变爆发，民族危亡，河山沦陷，中国开始全面抗战。

卢良恕的父亲因为病重，只能留在沦陷区，不久就去世了。其他人跟随外祖父背井离乡，一路逃难，从杭州到长沙，再到桂林，颠沛流离，几经辗转，最后到了贵阳。

母亲胡丽安

卢良恕在贵阳清华中学完成了高中的学习。在母亲和外祖父的坚持下，虽然历经战乱，卢良恕的学业却始终没有中断。

念高中时，卢良恕经常与同学一起分析和畅谈时局。在众多论述中，他比较倾向于科学救国论。他与同学一起参加抗日游行，积极参与抗日爱国活动。

高中毕业时，卢良恕的母亲胡丽安找到外祖父商量。胡仁源认为，国家的兴旺发达必须有工业和农业的支持。加上受到当时在四川大学农学院任教的姨妈胡渝教授的影响，卢良恕对农业生产产生了很大的兴趣。就这样，卢良恕学农，弟弟卢良惠学工。

1943年，卢良恕进入金陵大学农科（今南京农业大学）就读农艺系，师从靳自重、吴绍骙、王瑞采等教授，立下了“效仿后稷济万家”的志向，从此为解决中国人民的吃饭问题、食物营养结构问题、中国农业现代化问题而奋斗。

在金陵大学四年多的学习中，卢良恕学习了有关农业的基础知识和专业知识。由于抗战时期后方食品短缺、物资匮乏，他常常靠玉米糊、山芋干、稀饭充饥，和许多同学一起饿着肚子读书，每月至多吃到一两次肉食，同学们戏称这是“打牙祭”。

有时候，老师会带大家到农村去调查和学习。卢良恕发现，农民的生活比城市普通市民的更贫困，这让卢良恕的求知欲更强，从此他学习更刻苦。他深知，只有把基础知识和专业知识都学扎实了，才能实现自己的梦想。

金陵大学几位老师的精心培养使卢良恕终身受益，他们在讲课时经常说，学习农业和研究农业，既要学习书本知识，又要和实际相结合，要重视农民在生产过程中积累的丰富经验。中国地域辽阔，农业类型甚多，不熟悉农村，不了解农民，就不可能有感性认识，更不可能上升到理性认识。这些思想让卢良恕感触颇深。

1947年，卢良恕从金陵大学农科毕业，因为成绩优异，被当时的系主任、著名的作物育种学家吴绍骙教授推荐到中央农业实验所（今江苏省农业科学院）麦作系从事小麦育种研究工作。由此，卢良恕开始了他的农业科研生涯。

卢良恕在作报告

中华人民共和国成立以后，中央农业实验所改称华东农业科学研究所，27岁的卢良恕成为该研究所小麦品种研究组的组长。

1954年到1958年间，卢良恕主持选育出了小麦“华东6号”等系列品种，并在长江中下游地区大面积推广这些品种，这些品种是中华人民共和国成立后我国南方较早育成的丰产、抗锈的新品种。卢良恕和同事们下乡蹲点，系统研究了长江中下游300多个地区的小麦品种。这些研究成果丰富了小麦遗传育种领域的资料来源和理论基础，促进了南方小麦的增产，为杂交育种的亲本选配工作和地方品种资源的开发利用提供了科学依据。

20世纪80年代，卢良恕担任中国农业科学院院长后，无论多忙，他一有机会就会去全国各地的农村考察。他注重收集第一手材料并进行严谨细致地思考和分析，深入调查研究，走遍了祖国的山山水水。即使是耄耋之年，卢良恕还要坚持到农村去考察、交流，他到田间地头、农民家中与乡亲们直接交谈，随身带着记录本，走到哪就问到哪，问到哪就记到哪。卢良恕始终铭记着自己曾经立下的志向："为了国家的农业振兴，我要走遍祖国的山山水水，了解民情民意，掌握我国各区域农业生产的基本情况和特殊规律。"

到了晚年，卢良恕回忆起年轻时的工作经历，曾动情地说道："我从心底里感受到理论与实践相结合的重要性和必要性。尤其是农业研究有着明显的区域性，只有心系农村并亲临其境，才可能对农业有一个全面的认识，才会有发言权。"

精神闪耀

卢良恕是小麦育种与栽培学家，他把毕生精力投入我国农业科学技术研究、农业宏观战略研究和“三农”事业的发展中。

心系农村，亲临其境。他将自己的研究工作融入广阔的社会实践之中，为我国农业事业的发展贡献了自己毕生的心血。

“走遍全国对于从事农业生产和科研的我来说，是一笔非常宝贵的精神财富。想起党的培养、老师的教诲和几十年来同事及助手的帮助，想想自己的经历，我觉得，祖国的大好河山是我们广阔的用武之地。”历时50年，卢良恕实现了他走遍全国的志向。为了学习国外先进的农业技术，他遍访20多个国家的农田。

一生耕耘只为农，卢良恕的一生，以艰苦朴素的作风和壮志不已的激情走遍神州大地，以仁爱之心待人接物并恪守不渝，以累累科研硕果振兴农业。

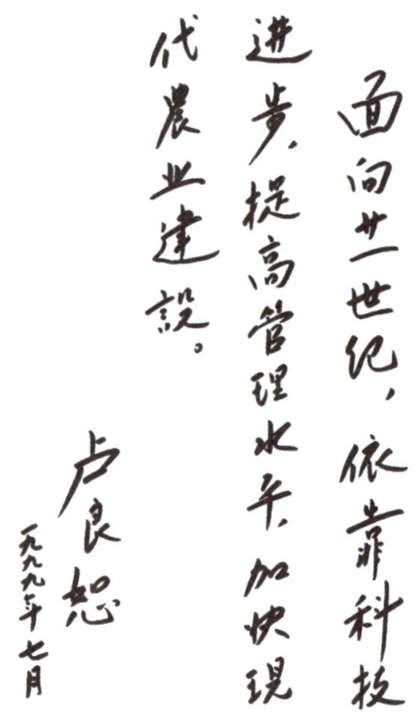

卢良恕手迹

院士小传

卢良恕（1924—2017），浙江湖州人。小麦育种与栽培学家，农业与科技发展专家，中国工程院院士。

卢良恕主持选育了小麦“华东6号”等系列品种，并较为系统地研究了增产增收的理论和技术措施。

卢良恕主持了多项重大科研项目，发表论文200余篇，出版专著十余部，为国家培养了一大批优秀的农业科技人才，多次获得国家和省部级奖励。

卢良恕从事农业宏观发展研究卓有成效，先后主持了中国粮食与经济作物发展，中国长期食物发展，中国农业现代理论、道路与模式等重大项目，提出“调整、优化配套的食物结构”的战略思想，即将传统的粮食观念转变为现代食物观念，综合开发食物资源，使种植业从二元结构向三元结构转变。

促进农业技术创新

推动现代农业发展

——题赠：大北农科技奖

卢良恕

二〇一一年十月

卢良恕手迹

叶橘泉

中医药界的一代宗师

在我眼里只有重病人、轻病人之分，没有穷人和富人、国人与洋人之别！

叶橘泉独立开诊后不久，一次出诊，遇到一个因为与婆婆发生争吵而投河的女人。被救起后，女人仍然大哭大闹，忽然昏厥，身僵如尸。

叶橘泉诊治时，距离女人晕厥发生已有八个小时。女人看上去如同死了一样，很明显，这种情况已经来不及用中药救治。

众人束手无策。忽然，叶橘泉想起医书中曾有针刺救逆的记载。于是，他从围观村民手中取来一根纳鞋底的针，消毒后向患者脚底的涌泉穴刺去，女人哭叫着醒来，众人异口同声地称赞："神医啊！"

自学成才

1896年，叶橘泉出生于浙江吴兴（今浙江省湖州市）一个贫苦的农民家庭。父母勤劳俭朴，以种地为主，兼养春蚕。叶橘泉从小就和兄妹一起随祖父、父亲下地耕耘，深知农活之艰辛。

他没有进过学校，只在家乡读过几年私塾。他是自学成才的中医药学家。

7岁时，村里的私塾先生张天源见他聪明伶俐、求知欲强，便主动提出免费让叶橘泉读书。童年时代的叶橘泉十分珍惜这个来之不易的机会，发奋学习。放学回家，他还得忙着放羊、割草……干农活时，他也不忘读书；夜深人静之时，他挑灯夜读；没有钱买纸墨，他就用毛笔蘸着清水在方砖上写字。

数年寒窗苦读，叶橘泉终于学完所设全部课程，取得优异成绩。张天源十分喜欢他，对他悉心指导。他告诉叶橘泉，对于贫困家庭的孩子来说，学习中医是一条不错的出路。经张天源介绍，叶橘泉拜本县老中医张克明为师，开始学习中医。

由于有较好的文化功底，加上勤奋好学，叶橘泉深得张克明的喜爱。张克明叮嘱他多读书、勤写字，还让叶橘泉把伤寒三百九十七法、一百一十三方熟读背诵。当时医书资源普遍较少，张克明便把家藏医籍借给叶橘泉抄写，并说："抄书一遍，胜于读书十遍。"

叶橘泉遵从师教，每日除了随师临证录方，还起早贪黑抄录《金匮要略》《黄帝内经》《伤寒杂病论》等医书。这一时期，他通读了大量中医经典著作，还觉得不够，又千方百计向上海各书局邮购新书，刻苦学习医药学方面的知识。

历经几年苦读，学成后的叶橘泉回到家乡开业行医。同时，他也不忘继续求学，同时在上海铁樵函授中医学校学习。叶橘泉平时潜心研读医药著作和文献资料，其中包括不少日本汉方医药的中译本，如《化学实验新本草》等。为了能看懂原著，他自学了日语。

大量阅读开阔了叶橘泉的眼界。他揣摩得失，以求创新，开创出了不少独特的处方，从而治愈了许多疑难杂症。很快，叶橘泉便成了远近闻名的郎中。

妙手神医

接触的病人越多，叶橘泉越感到知识的不足。因此，在平时行医时，他始终坚持读书。他白天诊治病人，晚上查阅医书，对照诊病经过，反复思考，举一反三。由于勤于钻研，他的医术日益精进，被附近乡邻誉为“神医”。

邻村的姚某患病瘫痪在床，多年来奔波各地医治，花了不少钱，但总是不见成效。姚某极度苦闷，曾多次试图自杀。后来，家人找到了叶橘泉。没想到，叶橘泉仅用了几帖单方就把他的顽症治愈了。

1935年，在章太炎的热情支持下，叶橘泉应邀参与创办国医研究院并任教，同时迁居苏州。

当时，时局动荡，他重回家乡行医，并开始招收徒弟。待局势稍稳定后，叶橘泉又前往苏州，先后住在调丰巷、马医科巷和养育巷并开业行医。

20世纪40年代初，叶橘泉开了一家名叫“承济医庐”的诊所。离诊所不远有一家规模不小的西药店，店主查理逊是一位退役的英国军医。这人非常傲慢，看不起中医、中药，他曾公开侮辱说：“那不过是江湖骗子的把戏。”

有一次，查理逊得了腹泻，服了各种西药都不见效，无奈之下，听从朋友劝告到“承济医庐”就诊。叶橘泉给他搭脉后开了处方，三帖中药下去，查理逊立即不腹泻了。叶橘泉让他每隔几天去复诊，查理逊嫌每次排队取号牌麻烦，认为同其他人一样按序看病有失身份，提出以每次50元大洋的价格请名医叶橘泉上门诊治，遭到叶橘泉的拒绝。查理逊又提出，愿将诊金加倍，免去取号牌排队之烦，让他随到随看。叶橘泉回答道："在我眼里只有重病人、轻病人之分，没有穷人和富人、国人与洋人之别！"查理逊对叶橘泉顿生敬意，此后一改对中医和中药的态度，还和叶橘泉成了好友，并多次介绍外国朋友到"承济医庐"看病。

扬名海外

当时，西医的传入对中医的冲击很大，很多人开始质疑中医的功效。于是，叶橘泉自费将自己多年积累的中医验方发表在《大众医学》上，引起同行和广大读者的交流讨论。与此同时，他还提出了"中医现代化"的观点，认为必须开设医院和专门学校，开展科学实验。这一观点受到医药界的重视和称赞。

叶橘泉对中医的门户之见一直持批评态度，认为中医各家要相互交流、取长补短，共同促进中医的发展。1933年，他创办了单方实验研究社，专门编辑经验单方，然后定期出版，赠送给同行，推动同行间的交流，引起了极大轰动。

1934年，当叶橘泉的《近世内科国药处方集》（第一集）传到日本后，许多著名汉方医药学家纷纷来信并寄书要求交换该处方集。其中，日本汉方医药学家大塚敬节在《东亚医学》上发表了题为《读叶橘泉氏之〈近世内科国药处方集〉》的书评，详细地介绍了这本书的内容。大塚敬节在结尾中说："此为划时代的佳作。"与此同时，叶橘泉也密切注视着日本等国的汉方医药研究的动向和方法，并及时地将经典作品引入中国。他曾翻译并出版了《腹诊考》《动植物民间药》等日本医药名著。

中华人民共和国成立后，叶橘泉以极大的热情投入中医药的研究和临床工作之中，同时着力培养中医药人才，研究中药、改进剂型、大力开发药材资源，极力推动中医药的现代化发展。

叶橘泉一生著述非常丰富，先后出版中医药著作20余种，发表中医药论文数百篇，近1000万字。他的代表作有《近世内科国药处方集》《实用经效单方》《临症直觉诊断学》等。其中，《实用经效单方》是传世佳作，主要介绍了叶橘泉经过几十年的临床实践后发现的实用有效的单方，这是他毕生经验的结晶。

工作中的叶橘泉

精神闪耀

叶橘泉是中华人民共和国成立后中医药界的一代宗师。

他长期从事中医临床和研究，学术造诣深厚，医术高超，医德高尚，为推动中医药现代化、振兴中医药事业作出了卓越贡献，在国内外医药界都享有崇高的声望。

叶橘泉始终坚持“实践第一”的观念，他认为“中医的主要特色是辨证论治，即辨症求‘证’，论治施‘方’，方证相对，疗效卓著”。

他首次提出“中医方证学”的理论，力主“整理中国医药必须开设医院，进行科学实验”，从临床入手，在中医诊疗时积极参考现代检查技术，并用科学的统计方法总结“古代处方”的疗效。他提出的“方证学”，是现代经方研究史上的一次重大突破。

叶橘泉的医药学成果十分丰富，对继承和发展传统医药学、推动中医药学的发展产生了很大的影响。

叶橘泉品德高尚，是我国知识分子的优秀代表，他把自己的命运同祖国和人民的命运紧紧相连，一生不求索取、无私奉献。晚年，叶橘泉把私房捐给了政府，把自己大部分的稿费捐给了医疗研究机构。

叶橘泉为振兴祖国的中医药事业呕心沥血、披肝沥胆，贡献了毕生的精力。他常用“人不能与草木同腐”“要用小跑步走完人生”“生命有限而知识无涯，我已经浪费不起了……”来鼓励广大药学青年担负起新时代赋予的使命责任，与祖国同命运，与人民共奋斗！

院士小传

叶橘泉（1896—1989），浙江吴兴（今浙江省湖州市）人。中医药学家，中国科学院学部委员（院士）。

叶橘泉是我国中医药界的一代宗师。他在青年时代就随名医研修中医药，勤奋好学，21岁开业行医。之后，他仍潜心研读大量医药著作和文献资料，揣摩得失，力求创新。

叶橘泉坚持从临床入手，认真验证先辈的经验并加以提高和发展。他先后参与创办了国医研究院、单方实验研究社，发表的《整理中国医药须设医院实验说》一文，颇受中医界赞赏。他有《实用经效单方》《临症直觉诊断学》《近世内科国药处方集》《合理的民间单方一百例》等著述，这些著述对推动中医药学的发展产生了很大的影响。

冯泽芳

“中国棉花之父”

我一生最爱的，一是棉花，二是青年。

斯字棉、德字棉和木棉是我的三个孩子，我爱木棉同爱我的小女儿一样。

20世纪初，中国纺织工业勃然兴起，为了让中国人都能穿上中国棉，冯泽芳倾其一生致力于棉花事业。“我一生最爱的，一是棉花，二是青年”，他踏遍祖国大地，开拓棉花产业，培养棉业人才。

半个多世纪以来，冯泽芳成了“棉花”的代名词，只要提到冯泽芳，大家就会想到棉花。而谈起“棉花”，“冯泽芳”是绕不开的一个名字。

步行求学

1899年2月20日，在浙江省义乌市赤岸三村的一个农民家庭里，冯泽芳诞生了。上有三个姐姐，下有一个妹妹和两个弟弟，他排行老四。

冯泽芳还有一个好听的字——“馥堂”。泽，是家谱中规定的辈分用字；“芳”和“馥”，是父母期盼他能给家庭带来书卷芳香之气。

正如父母对他的期许一样，冯泽芳从小就聪明颖悟。3岁时，街上店铺的名字，他都能读得出来。爷爷看他资质聪颖，又勤奋好学，于是决心供他读书。当时，距离赤岸三村二十里路的朱店村，有一个名气较大的私塾。私塾先生朱德恒是清末举人，曾官至陕西御史。冯泽芳前去拜朱德恒为师，在朱德恒的教导下，他自小熟读《三字经》《大学》《中庸》《论语》等书。

1906年，在距离赤岸三村四里路的乔亭村，一所新的学校——“端木学堂”办起来了，父亲把冯泽芳转到这所学堂里读书。这里是冯泽芳接受新式教育的起点，他在新式学堂里开始接触新思想和新知识。

1913年，小学毕业后的冯泽芳考入金华的浙江省立第七中学（今浙江金华第一中学）。从赤岸到金华，足有九十里。由于家境贫穷，少年冯泽芳来去都是步行。为了节省伙食费，他每次回家都要从家里带干菜去学校。

冯泽芳酷爱读书。春节时，他到姐姐家拜年，宁愿在姐姐家里津津有味地看书，也不去外面看花灯、看戏。他曾说，花灯不如书好看。因此，同班的四位义乌籍同学中，年纪最小的冯泽芳成绩最好。

1916年12月，冯泽芳中学毕业。虽然成绩优异，但因为家里实在拿不出更多的学费供他继续读书了，冯泽芳只好回到义乌，在绣湖边上的私立小学当老师。

一年半后的冬天，南京高等师范学校在杭州招生，招生公告里称被农业专修科录取的学生不收学费和伙食费，这对贫穷人家的子弟很有吸引力。冯泽芳一听，知道机会来了。他和同学周拾禄一商议，两人都决定报考，于是结伴同行。时值隆冬，两人顶风冒雪从义乌步行到杭州，结果双双被录取。他们同窗数载，友谊深厚，立志同心协力为解决农民吃饭和穿衣问题而奋斗。周拾禄年长，专攻水稻科学；冯泽芳年幼，专攻棉花科学。最终，他们两人都出色地实现了理想。

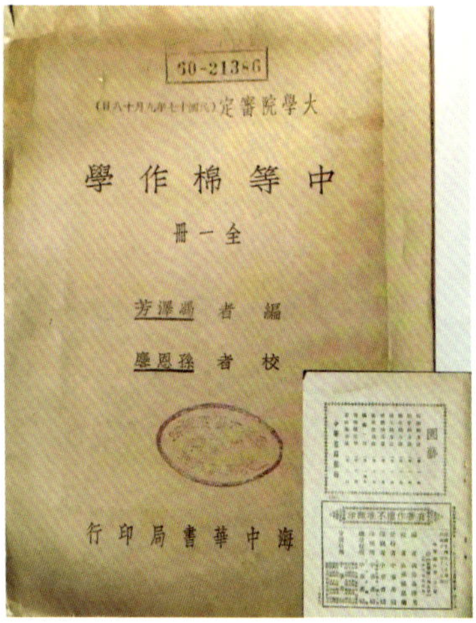

《中等棉作学》

家境贫寒的冯泽芳当初来到南京高等师范学校，更多的是因为这里免收学费和伙食费。年轻的他也没想到，自己会从此一头扎进棉田里，再也拔不出来。

南京高等师范学校的学术氛围和研究条件给了冯泽芳向上攀登的支点。在修读农业专科的三年内，冯泽芳既博学强识，又注重实践，在报刊上发表了关于农业的文章6篇和译文1篇，开启了他农学生涯的辉煌篇章。

1921年，冯泽芳专科毕业时，适逢学校升格并改名为东南大学。按照校方当时的规定，原专科学生继续补读并修满学分后，可以顺利拿到本科毕业证书。于是，冯泽芳一边工作，一边补修学分。在半工半读的日子里，他先在东南大学当助教，后来又在江苏省立第三农校和第一农校做教员。四年里，冯泽芳学研不辍，不仅发表译文1篇、论文7篇，还编著了一部中专教材《中等棉作学》。其中，《中棉形态及其分类》是有关整理我国棉种的最早著述，奠定了我国亚洲棉分类的基础。另一篇题目为《中棉之孟德尔性初次报告》的论文，是继孟德尔定律发表后，首次将其应用于中棉性状遗传的研究成果。一个正在努力获取大学本科毕业证的专科生，不但敢于尝试这等尖端课题，还一鸣惊人，其胆识与才智令人惊叹。

一生只为一株棉

已过而立之年的冯泽芳，在江苏省立通州（今南通）棉作试验场有一份稳定的工作。可谁也没想到，这个年纪的冯泽芳竟然考取了美国康奈尔大学的研究生，并执意前往。

1930年秋，冯泽芳前往美国康奈尔大学攻读硕士学位。出发前，他精心挑选了一些选育好的种子及其相关资料。他要把它们从中国带到美国，这样就可以做更深入的研究。

在美国康奈尔大学，他继续坚持以实验铺就理论创新之路，埋首于棉花育种的研究工作。当时的棉花育种技术，能培育成功的主要是纯系育种和同种之间的杂交育种。

为了拓宽育种途径，国内外学者进行过多次美洲棉与中国亚洲棉的杂交实验。由于这是种间杂交，很难成功，即使有少量杂交成功，其第一代也都不育。学者们都不明白是何缘故。

冯泽芳决心解开这个谜题，一头扎进温室里栽培棉花。“我这个留美学生，一不会跳舞，二不会唱歌，三不会打牌，四不会游泳，五不会开汽车，是个十足的‘土包子’。”这是冯泽芳经常用来调侃自己的话。他在美国康奈尔大学的三年，始终潜心研究，从不去电影院等娱乐场所。

冯泽芳坚持理论创新必须以实验为证。冬天他所在的康奈尔大学天气很冷，但是并没有阻挡他进行实验的脚步——继续在温室里栽培棉花。棉株开花吐絮了，冯泽芳在棉株上挂满了记载各项数据的纸片，引得各国学生常常在窗外驻足观看这一“奇观”。

冯泽芳利用大学实验室的先进设备，在显微镜下仔细观察棉花的染色体。功夫不负有心人。1932年，他以自己对棉花杂交育种理论的独到见解，获得了硕士学位。1933年，他又因论文取得了优异的成绩，并获得博士学位，并获得学校颁发的优秀毕业生“金钥匙”。他的博士论文《亚洲棉与美洲棉杂种之遗传学与细胞学的研究》发表在美国《植物学报》上，这篇论文解开了当时国际植物学界的难题，为棉花育种研究开辟了一个新的方向，引起国际植物学界的重视。

1933年，学成归国的冯泽芳到中央棉产改进所担任副所长。那个时候的中国，种植业几乎完全是“靠天吃饭”。冯泽芳靠着深厚的理论功底和丰富的实践经验，想要给当时中国的棉花生产来个“翻天”式的革新，他开始着手改良国内棉花品种。

冯泽芳接手主持中、美棉品种在国内南北棉区的区域试验。四年后，他成功证明斯字棉4号成熟早、产量高，增产10.6%～66.7%，适于黄河流域的棉区种植；德字棉531号在长江流域丰产优质，平均增产14.8%。

斯字棉、德字棉这两个品种推广之后，国内棉农欢欣鼓舞。在冯泽芳的努力推动下，棉花作为当时中国的主要农作物，是最先进行全国性品种区域试验的。在当时，中国与苏联并列成为最早实行国家级棉花品种区域试验的国家。

“立志做大事，不做大官！”冯泽芳一直把这句话作为自己的人生座右铭。他真的做到了，把自己的一生献给了中国的棉花事业。

精神闪耀

冯泽芳曾说：“斯字棉、德字棉和木棉是我的三个孩子，我爱木棉同爱我的小女儿一样。”他一生视棉花为女儿。

作为中国棉业改良的一代大师，冯泽芳始终谦虚谨慎、虚怀若谷。他曾用胡适的诗句自咏：“清夜每自思，此身非吾有，一半属师长（胡诗原为一半属父母），一半属朋友。”

冯泽芳对于棉花有着纯粹的爱，同样被他这样深爱着的，还有他的青年学生。冯泽芳发现奚元龄踏实好学，就鼓励他多钻研，并为他的专著作序；同时为他申请名额，让他赴英国深造。冯泽芳看见徐冠仁的水稻遗传研究工作做得出色，就极力为其举荐，并帮他申请奖学金赴美国深造……在冯泽芳的言传身教下，当时涌现出一大批德才兼备的农业科技人才。

冯泽芳一生所取得的成就，正是那个年代中国农业科研发展的一个缩影。半个世纪前，冯泽芳用信念之剑在崎岖的生命旅途中挥斩出一片天地，赢得“中国棉花之父”的美誉。如今，在广阔的农业科学领域里，无数的农业科学家踏着他的足迹不断前行。

院士小传

冯泽芳（1899—1959），浙江义乌人。农学家、教育家，中国现代棉作科学的主要奠基人之一，中国科学院学部委员（院士）。

冯泽芳曾任中央棉产改进所副所长，中央农业实验所技正兼棉作系主任，中国棉产改进处副处长，中央大学教授兼农学院院长，南京大学、南京农学院教授，中国农业科学院棉花研究所研究员兼所长。

冯泽芳毕生致力于棉花科研、技术推广与教育工作。他对亚洲棉的形态、分类和遗传，以及亚洲棉与美洲棉杂种遗传学和细胞学有深入研究。冯泽芳主持过全国棉花品种区域试验及云南木棉的调查研究工作，对改良棉花品种、增加棉花产量和改善棉花品质作出了重要贡献。

冯泽芳是最早在中国从事植棉区划及棉工业区域系统研究的人，他提出将中国划分为五大棉区的意见至今仍被科技界沿用。冯泽芳还出版了《中等棉作学》《中国的棉花》等论著。

许　杰

享誉地质界的笔石专家

我与喻德渊一起，租了一条小船，溯江而上，时宿船上，时住庙宇，进行地质矿产考察，采集了大量岩石矿物和化石标本。

1929年的一天，漂泊在上海的许杰巧遇时任中央研究院地质研究所（今中国科学院地质与地球物理研究所）所长——著名科学家李四光，二人相见喜出望外。当李四光得知许杰工作还无着落，就立即举荐许杰进入中央研究院地质研究所工作。从此，许杰开始了他的地质矿产调查和地质研究生涯。

回乡革命

1901年，许杰出生在安徽广德的一个农民家庭里。

早年祖父携一家老少从河南来到皖南开荒定居。虽家境普通，但祖父在教育方面却给予了许杰很多支持。父亲许文波粗通文墨，经营有道，在镇上开设了一家店铺。许文波对“耕读传家、精忠报国”的祖训始终铭记于心。

许杰7岁时就被父亲送到设在村东王家祠堂的私塾里读书。当县城兴起洋学堂时，父亲又送许杰到县里的小学学习。学校开设修身、讲经、算术、历史、中国文学、图画、体操、地理、格致九门课程。可以说，许杰在少年时代受到了很好的启蒙教育。天资聪慧的许杰不负众望，小学毕业后考取了浙江省立第三中学（今浙江省湖州中学），18岁时以优异的成绩毕业。

许杰中学毕业那年，恰好是1919年，五四运动在北京爆发，消息传到了南方。“兴办实业”“富国强兵”的爱国主义思想点燃了许杰的热情，他毅然北上去报考北京大学。

办理入学注册手续时，听说学地质能办实业，他就毫不犹豫地决定攻读地质学。初创时期的北京大学地质系，可谓人才济济，大师级的地质学的先驱都聚集在这里。许杰在这样的教学环境中刻苦钻研。在李四光等名师的教导下，许杰习得了丰富的地质学知识，为今后的科研活动打下了扎实的基础。在校读书期间，勤奋好学的许杰就在北京大学地质研究会的会刊上发表了题为“地形形成之时期”的学术论文。

1925年，许杰从北京大学毕业，当时国家正处于危难之际，面对军阀混战的局面，他放弃了出国深造的机会，毅然决然投身于革命的洪流之中。

当时，发生了震惊中外的五卅惨案，广大工人、学生和部分工商业者，在许多城市和县镇举行示威和罢工、罢课、罢市，形成了全国规模的反帝爱国运动高潮。

许杰回到了家乡，经启蒙老师周松甫介绍到安庆建华中学任教。他以教学为掩护，积极从事革命活动，并加入了中国共产党。当年9月，军阀陈调元发现安庆建华中学一部分教师和学生“思想不稳”，下令关闭建华中学。

许杰又转到安庆省立第一中学（今安庆第一中学）任教，在从事教学工作的同时，继续从事革命活动。许杰受上级党组织的委托，奔波于安庆与武汉之间做联络工作。

笔石人生

1929年，许杰在李四光的引荐下进入中央研究院地质研究所工作。

初到中央研究院地质研究所时，许杰担任助理研究员，在李四光的支持下，克服了生活、交通方面的困难，深入浙江、江苏、安徽、江西以及湖北一带进行地质调查，并采集了大量含笔石地层的化石样本。与其同行的友人李毓尧、丘捷生等也采回很多笔石标本，均赠予许杰供其研究。这些宝贵样本为他的研究打下了良好的基础。

笔石是已经灭绝的海生群体动物。由于它的化石多保存为印痕，很像在岩石层面上留下的笔迹，故而得名“笔石”。因其演化迅速，分布广泛，笔石是进行奥陶纪、志留纪地层划分和对比的最重要的标准，是许多相关年代地层界线层型的确立依据。

许杰首先对中国南方笔石动物群进行了详尽的研究和描述，并在这个基础上，对含笔石地层进行了划分和对比，命名了若干古生代早期的地层。随后，他从研究笔石体的内部细微结构入手，以生物进化论的观点，探讨了笔石的演化过程及其分类。他研究了不同笔石群与周围环境的关系，进而从内因和外因两个方面来探索笔石群的发育、演化和迁移等问题。他在研究对比中国和世界各地含笔石地层分布的基础上，提出了地球上笔石发源中心的问题。这些重要论断对研究全球古生代地层及其划分具有十分重要的理论和实际意义。

1930—1931年，许杰开始发表有关笔石研究的论文，报道了安徽贵池，江西武宁，湖北房县、远安，江苏仑山以及浙江昌化等地数十种奥陶纪和志留纪的笔石。

他还只身奔赴浙西山区、皖南进行野外地质调查，测制地层剖面，采集化石标本。经过几年的艰苦研究，许杰发表了我国第一部较系统的笔石研究专著——《长江下游之笔石化石》，该书一经出版立即引起国内外地质、古生物学界的重视，并受到地质学家葛利普和李四光的高度评价。

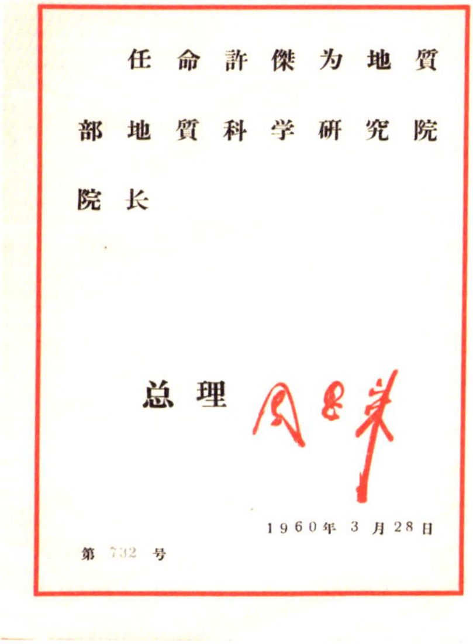
任命許傑为地質部地質科学研究院院长

总理 周恩来

1960年3月28日

第732号

地质部地质科学研究院院长任命书

这本书的出版是中国笔石学史上的一件大事。全书为英文，附中文摘要和大量图表，详细描述了安徽、浙江、江西和江苏几大省份的笔石19属、91种，包括新种35个。这本书无论是从科学内容、研究水平，还是从精细的绘图技艺上，都胜过《北美笔石》一书，甚至可以和当时笔石界的经典著作——《英国笔石》相媲美。地质学家和古生物学家尹赞勋曾一再推荐这本书，认为这本书是“精审之作”。

许杰所建立的笔石带序列，至今仍被广泛作为地层划分、对比的标准，在我国笔石研究界发挥了开路先锋的作用，为我国东南地区奥陶系的划分、对比奠定了古生物基础。

许杰除了重点对笔石进行研究外，还对地质科学的许多分支学科进行了研究。他也是一名优秀的社会活动家、管理专家。1937年，他担任中央研究院地质研究所副研究员；1943年，他兼任云南大学矿冶系教授；1946—1949年，他担任中央研究院地质研究所研究员。中华人民共和国成立后，许杰受命组建了安徽大学；1952年，他任安徽省人民政府副主席；1954年，他任地质部副部长……尽管许杰的职务更替频繁，行政工作繁忙，但他一直没有放弃对笔石的研究，笔石就像画在他人生道路上的一个又一个痕迹。

1983年11月，地质出版社把许杰有关笔石研究方面的重要论著11篇结集出版为《许杰笔石论文集》，这是许杰半个世纪以来笔石研究的综合成果，不仅丰富了中国奥陶纪、志留纪笔石研究的内容，为中国含笔石地层的划分与对比以及笔石带的建立做了开创性工作，而且也为笔石分类学的发展和一些重要理论问题的探讨作出了重要贡献。

中华人民共和国成立之后，为了开展国际地质科技的合作与交流，许杰进行了不懈努力。他多次率团出国考察、访问，参加国际会议，多次接待外国地质科学家的来访。1976年，在国际地质科学联合会恢复我国合法席位之后，他不辞辛劳，率领中国地质代表团出席了在澳大利亚悉尼召开的第25届国际地质大会和第5届国际地质科学联合会理事会。当时已75岁高龄的许杰在会上作了《中国地质工作的发展》的报告，系统介绍了我国地质事业的巨大发展和所取得的重大成就，引起与会者的极大关注。

精神闪耀

在地质界，一提起笔石，无人不知许杰。

许杰是中国笔石学和笔石地层学的重要奠基人之一。在毕生的研究活动中，他把大部分精力投入了对笔石动物群和含笔石地层的研究中。

许杰在青年时代就接受先进思想的熏陶，积极参与爱国救亡运动，用极高的政治热情和扎实的专业知识谱写了精彩的人生篇章，实现了自己的人生价值。

1985年，时任中国地质科学院院长的李廷栋在《中国地质科学院院报》上刊发了《庆贺许杰教授从事地质事业六十七周年》一文。他在文中这样写道："他平易近人，谦虚谨慎，对于求教于他的同志，总是满腔热情地予以接待，给以力所能及的帮助和指导，使很多同志深受感动和鼓舞。1983年，他已83岁高龄还风尘仆仆，亲临旌德县参加全国第二届笔石学组年会，在会上作了学术报告，并同大家一起到野外观察地层剖面，与年轻地质工作者广泛接触、交流学术，使与会同志们倍感亲切。"

许杰把一生的才华献给了中国地质研究事业，献给了他所挚爱的土地。

院士小传

许杰（1901—1989），安徽广德人。古生物学家、地质学家，中国研究笔石的先驱之一，中国科学院学部委员（院士）。

许杰曾任中央研究院地质研究所研究员，云南大学教授。后任安徽大学校长，地质部副部长，中国科学院生物地学部副主任，地质部地质科学院院长，中国地质学会副理事长。

许杰毕生研究古生代重要化石门类笔石，对笔石的形态、分类、演化和起源，以及含笔石地层的研究颇有建树。

1934年，许杰发表了《长江下游之笔石化石》英文专著，该专著在当时的国际古生物学界享有盛誉。他还指导编辑了大型工具书《地质辞典》。

1985年，许杰获联邦德国地质最高科学奖——莱欧波尔德·冯·布赫奖。

严济慈

中国光学研究和光学仪器研制工作的奠基人

我从自己的亲身经历中，深切地感受到一个国家要富强，一个民族要振兴，抓好教育、抓好科技是非常重要的。

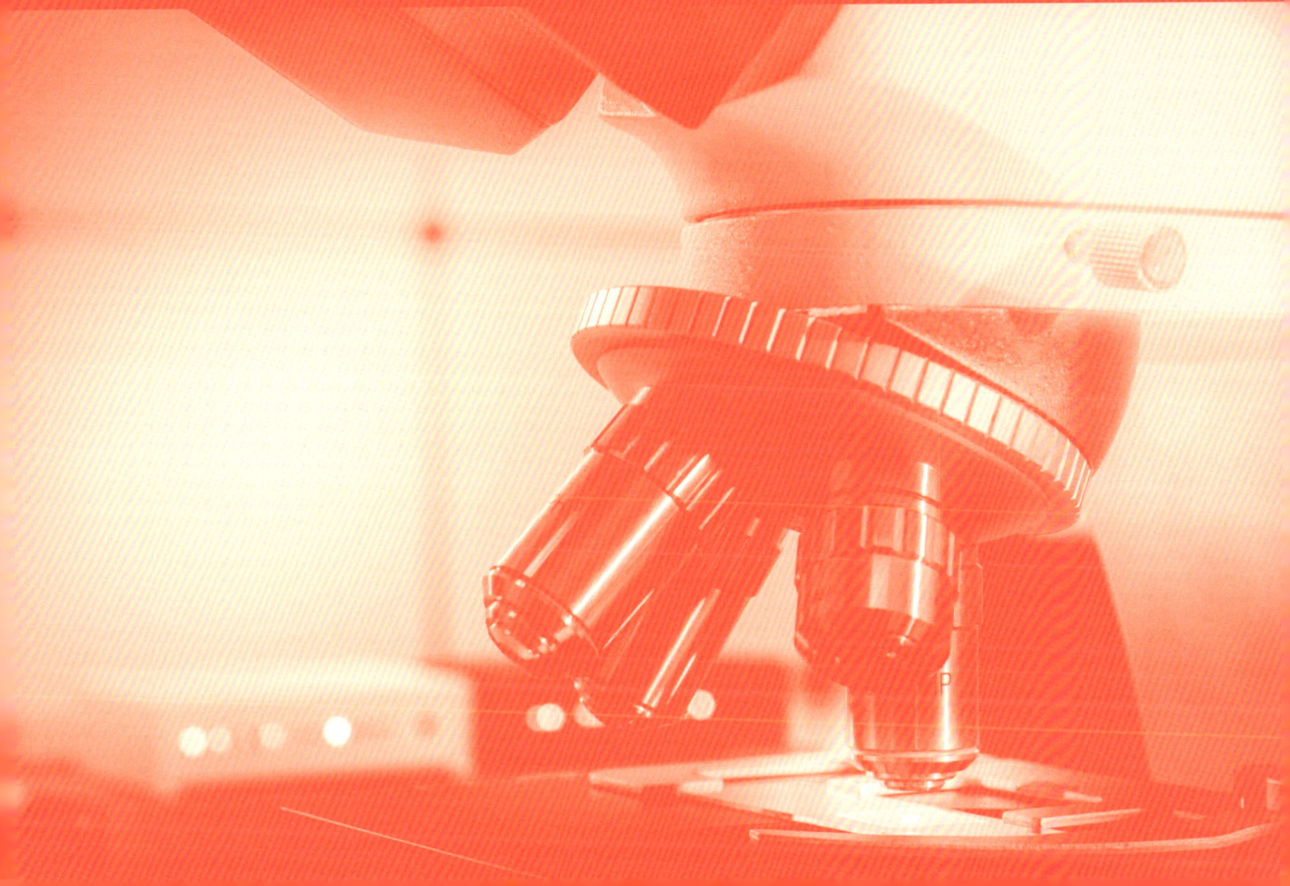

在浩瀚无垠的宇宙中，有一颗国际永久编号第10611号的小行星，这颗小行星就是“严济慈星”。这颗小行星是以中国科学院学部委员（院士）严济慈的名字命名的。

超级“学霸”成长记

1900年12月4日，浙江东阳的一户农家迎来了一个小生命，父亲为他取名“严济慈”。由于家境清贫，严济慈几乎是在艰辛的劳作中度过了童年。

严济慈7岁进入私塾读书。作为家中的长子，严济慈是兄弟姐妹五人中唯一有机会上学的。严济慈没有辜负父母的期望，聪颖好学，刻苦上进。

有一次，出门做生意的父亲途中买了一本由日语翻译过来的《笔算数学》，带回家中送给严济慈。当时的严济慈从来没有学过数学，也找不到老师可以求教。但是他对这本书有着浓厚兴趣，便一道题一道题反复演算，硬是靠着自己摸索，弄懂了每个定理。就这样，这本书居然被他“啃”下来了。从此，严济慈对数学有了无比浓厚的兴趣。

少年时期的严济慈显示出极强的学习天赋，年年考第一，一路过关斩将，考入了东阳县立中学校（今浙江省东阳中学）。18岁的严济慈从东阳县立中学校毕业，到杭州参加全国6所高等师范学校的联合招生考试，以全省第一的成绩考入南京高等师范学校。

为了供严济慈上大学，家人卖掉祖产，加上同窗好友的资助，严济慈终于如愿上了大学。

由于南京高等师范学校的专业所限，入学第一年的严济慈只能在工业、商业、农业、体育、教育、英文等专修科中选择。第一年选择商业专修科后，严济慈发现自己对商业并没有兴趣。第二年他转入工业专修科，从一年级读起，但同样，工业专修科对于他依然没有吸引力。

直到1919年五四运动爆发，严济慈参与了学生游行。在大规模的学生运动中，他意识到只有国家强大才能不被帝国主义压迫、欺侮。同时，他也感受到社会中浓厚的民主与科学的气息，越来越清晰地认识到，只有“德先生”和“赛先生”才能帮助中国，个人的学习要融入国家和民族的事业之中。于是，他第三次更改专业，改学数理化。

在南京高等师范学校学习期间，严济慈深得数学家何鲁的喜爱，得以遍览何鲁的法文藏书。他还担任了学校《数理化》杂志的主编，并因在解答数学难题方面极为出色而闻名全校。由于成绩优异，严济慈被聘为学校暑期的兼课数学教师。

严济慈编著了《初中算术》和《几何证题法》。这两本书出版后，影响极大，这出乎严济慈的意料。可以说，我国早期的许多数学家几乎都读过严济慈所著的这两本书。

1923年，南京高等师范学校最后一届学生毕业，南京高等师范学校正式并入东南大学。严济慈正是那一年的毕业生，且毕业成绩为第一名。当时学校规定，南京高等师范学校的毕业生须再读一年、修满规定学分后才能获得东南大学的学士学位。由于严济慈已经修满了东南大学规定的学分，成绩甲等，学校决定授予其理学学士学位。1923年6月，学校发给他第一张毕业证书。严济慈也成为东南大学的第一位也是该年唯一的毕业生。

恩师助力赴法求学

当时的社会处于极大的动荡中，各界人士都在寻求救亡图存之路。“留学外国者，今日之急务也”的留学救国思想在青年学子中广泛传播。恩师何鲁极力劝严济慈出国留学。但出国留学需要高昂的费用，这对严济慈本不富裕的家庭无疑是雪上加霜，严济慈婉言谢绝了老师的好意。谁知第二天，何鲁、熊庆来等人为他凑齐了赴法国留学的路费。何鲁对他说：“去了学有所成，日后报效国家，先生们的心足矣！”

为了实现科学救国的梦想，严济慈踏上了前往法国的求学之路。

他先在法国的一所中学补习了半年的法语。几个月后，他雄心勃勃地把目标定在了享有盛名的巴黎大学。仅仅一年时间，严济慈就以扎实的数理化功底、惊人的记忆力和踏实的学习态度，顺利获得了硕士学位。这是巴黎大学的校史上从来没有过的事。“严济慈”

20世纪20年代，严济慈在巴黎大学的法布里实验室

这个中国留学生的名字，一夜之间传遍了巴黎大学。

其实，在这一年里，他孜孜不倦地学习，摒弃了一切社交和娱乐。他在给夫人张宗英的书信中强调，一个人以学术许身，便没有权利同普通人一样生活……

然而，严济慈并没有打算停下脚步。他决心拿到博士学位。

他给夏尔·法布里教授写信，法布里是法国著名的光学科学家，也是严济慈普通物理考试的主考官。严济慈在信中询问："我很荣幸通过了您主持的普通物理考试。这次我同时还获得了数学分析和理论力学两张文凭。我想向您请教，下一步我该怎么办？"

几天后，法布里回信约他在办公室会面。两人正式会面后，法布里聘请严济慈到自己主持的巴黎大学光学实验室从事研究工作。此后，严济慈开始了物理学研究所承担的第一个课题，这一课题也是居里夫人十分关注的课题，居里夫人还把丈夫早年用过的石英样品借给严济慈。

严济慈精确地测定出居里压电效应“反现象”，证实了比埃尔·居里的设想，解决了四十余年悬而未解的难题。他成为第一个获法国国家科学博士学位的中国人。

追光的人

1927年，刚刚当选法国科学院院士的法布里，在他首次出席的法国科学院的院士例会上，宣读了严济慈完成的博士论文《石英在电场下的形变和光学特性变化的实验研究》。这是法国科学院第一次宣读中国人的论文，震动了法国物理学界。

第二天，《巴黎晨报》头版刊登了《新院士法布里教授和中国学者严济慈》的新闻，并在醒目位置配有法布里和严济慈的照片。在那样一个中国人备受歧视的时代，这不仅是严济慈个人的荣誉，更是所有中国人的骄傲。

当时，法国一些知名科学家想邀请严济慈到他们的实验室工作，但严济慈归心似箭，都一一谢绝了。在致岳父的信中，严济慈写道：“吾人学稍有进，对国家责任，亦更加加重，尤宜努力前进。”

1927年，严济慈启程回国。在回国的邮轮上，他结识了徐悲鸿。徐悲鸿主动为严济慈画了一张肖像素描，并用法文写下了——“科学之光”。

严济慈，字慕光，他被赋予“科学之光”的评价耐人寻味。是啊，科学，不正是他毕生孜孜不倦所追寻的光吗？

回国后，严济慈担任了国内多所学校的教授。之后，他再次赴法。从法国回国后，他担任北平研究院物理研究所（今中国科学院物理研究所）所长。一年后，他又兼任镭学研究所所长。

20世纪30年代是严济慈科学生涯的黄金时代。1927年至1938年的12年间，严济慈的名字和53篇科学论文一起被刊登在法、英、美、德等国的重要学术刊物上，被中外学者广泛引用。在此期间，严济慈还为祖国培养了一批杰出的科学精英，如钱临照、翁文波、钟盛标、吴学蔺等。

严济慈一直关注中国的教育。作为中国科学技术大学筹备委员会的主要成员之一，他参与了学校的创建工作，提出并实施了一系列改革开放办学的新举措，逐步建立起培养学士、硕士、博士的完整教育体系，调整了学科结构，增设了一些新兴技术方面的系科和专业，创建了中国高校中第一个大型科学工程——国家同步辐射实验室，创办了中国第一个少年大学生班，为中国培养出

严济慈（中）指导学生做实验

了改革开放后的第一批博士。他认为读书主要靠自己，要经历一个从低级向高级的发展过程，就是听（听课）—看（自学）—用（查书）。这让学生们受益匪浅。

“敢于好高骛远，善于实事求是”是严济慈多年来坚信的理念。他成就很高，却始终保持着真切的热情，在物理学的科学高峰上不断攀登，用广博的知识、坦诚的品格感染着身边的每一个人。他鼓励科学工作者要专心致志、刻苦钻研，甚至要有所牺牲；他反复强调科学研究的核心是创新。

人如其名，他用一生来追求真理和光明。

精神闪耀

严济慈是我国科学泰斗和教育宗师，是中国光学研究和光学仪器研制工作的奠基人之一，也是中国现代物理学研究工作的创始人之一。

严济慈的人生和事业与“光”相伴，一生随时代变迁而波澜起伏。他一生追求真理和进步，是一位忠诚的爱国主义者。

严济慈一直为党和国家的事业不懈奋斗，在80岁生日前夕，他决定提出入党申请：“我在党的教育和领导下参加革命工作，已整整三十年……虽年逾古稀，但是我没有迟暮之感。我争取要做一名共产党员，求得光荣的归宿。”

2006年，国家邮政局发行了《中国现代科学家（四）》纪念邮票一套四枚，严济慈荣登“国家名片”。这是国家为了表彰严济慈在科学领域和教育领域所作出的杰出贡献。

追逐光，成为光，散发光。严济慈的精神如同夜空中的明星，始终熠熠生辉。“科学之光”将永远照亮无数追求科学理想的年轻人的前行之路。

院士小传

严济慈（1900—1996），浙江东阳人。物理学家、教育家，我国光学研究和光学仪器研制工作的奠基人之一，中国现代物理学研究工作的创始人之一，中国科学院学部委员（院士）。

抗日战争中，严济慈研制了水晶振荡器、五角测距镜和1500倍显微镜，以适应军需。他还精确测定了居里压电效应“反现象”，发现了光双折射的新效应；系统研究了水晶圆柱体施加扭力起电现象，发现了水晶扭电定律；对光谱学作了多方面研究，对原子、分子光谱学作出贡献；精确测定了臭氧紫外吸收系数；研究压力对照相乳胶感光性能的影响。

严济慈发表学术论文50余篇，编写了《初中算术》《普通物理学》等数学、物理教科书，对中国科学教育事业的发展作出了重要贡献。

苏元复

中国化学工程学科的奠基人

为了试验研制出来的新型炸药的威力，我常与技术人员一起抡铁锤、敲钢钎，在山岩上凿眼试爆。

1987年，在国际博览会上，我国一位化学工程学家以他独特的“柠檬酸萃取法”一举夺得金奖，为中国赢得了殊荣。他就是苏元复。

“叛逆”的少年

1910年，苏元复出生在浙江海宁。苏元复的祖父是名秀才，后来回到家乡开办磨坊，进入酿酒行业。他热心于地方公益事业，尤其注重教育，曾把私房捐作小学校舍。祖父的这一举动，为苏元复日后专注化工教育事业埋下了一颗种子。

苏元复的父亲是知名的检察官，母亲知书达理。苏家家教甚严，也格外重视对子女的教育。虽然家中酿酒，全家人却都不饮酒。平日里晚辈对长辈恭敬备至，不敢多话。苏元复幼时沉默寡言。但他天资聪颖，敏于观察，善于模仿，常常给家里带来一丝新意。

小时候，苏元复爱看师傅制作粉皮，师傅将一勺粉浆倒进浮在热水中的铜锅里，随着铜锅旋转，粉浆铺展开来，一张粉皮就做成了。于是，苏元复学着用小木盆装些水，放在水缸里旋转，旋转时小木盆中的水甩向盆的四周，他发现小木盆的中心竟然无水。当然，那时他还理解不了其中的奥妙。家乡如诗如画的景色，让他对自然界充满了热爱。他还养过各种小动物，养的小鸡长大后，只要他吹一声口哨，鸡群就会乖乖上树。

到了上学的年纪，苏元复一边上小学，一边跟着私塾老师学习。不过，他并不喜欢私塾枯燥的氛围，于是开始了他的“叛逆”计划。

苏元复常常借着头痛的理由不去上课，然后偷偷溜进父亲的书房，偷读《水浒传》《西游记》《三国演义》这些“闲书”。就算被父亲发现了，晚上将他关在书房里，他也不恼，凑着油灯读完了《左传》等典籍。长大后，他曾在日记中写道：“这虽然活葬了天真活泼的孩子气，却培养了我的忍耐力和埋头苦干的精神。”

小学毕业后，苏元复就读于海宁初级商校，但他对珠算、簿记等并不感兴趣，课余还读了大量的小说。

1924年，苏元复来到杭州，想插班到普通中学，按规定必须考代数、几何等课程，于是他就买了初中数学教材，自学一周，最终考入惠兰中学（今杭州第二中学）就读二年级。

可苏元复的“叛逆”计划从未停止。检察官出身的父亲自然想让苏元复报考政法学院，成为一名法官。但苏元复对法律并不感兴趣，他坚定地想要学习科学。

1929年，苏元复免试进入东吴大学。在短短一年之内，他两度获得成绩优秀荣誉奖。不过，由于东吴大学学费昂贵，苏元复后来经过考试转入浙江大学化工系。

当时浙江大学潘承圻教授执教的分析化学享誉全国，勤奋好学又善于思考的苏元复引起了潘承圻教授的关注。在潘承圻教授的悉心指导下，苏元复取得了长足进步。

大三那年，苏元复进入上海天原电化厂实习，负责测定多效蒸发器的数据和分析设备的潜在生产能力，解决了上海天原电化厂技术人员多年未敢问津的蒸发器极限生产能力问题。

为化学化工发展作出不懈努力

大学毕业后，在浙江大学化工系主任李寿恒的推荐下，苏元复进入南开大学应用化学研究所任助理研究员。在研究所工作了两年后，因为强烈的求知欲和对化学工程的极致热爱，他选择了出国继续深造。

苏元复抱着科学救国、工业救国的理想，在英国曼彻斯特大学化工系攻读硕士学位。回想起小时候在家乡目睹植桑养蚕农人的辛劳与歉收的忧虑，他毅然决定在读研期间专攻人造丝的研究。

1937年，苏元复获得硕士学位。这次苏元复不再“叛逆”，他意识到当时的中国更需要军事化工人才，所以放弃了回国创办人造丝厂的想法，转战国防化工的研究。

于是，苏元复开始调整专业方向，他经德国转赴瑞典工厂实习。经过刻苦学习，他掌握了硝酸、火药、硝化甘油等的关键生产技术，绘制了近百幅图样，详细记录了各生产车间的操作规程，为回国后从事国防兵工工作做好了充分准备。

1938年9月，苏元复经法国回国，直奔四川。到了四川，苏元复进入四川泸州兵工厂担任研究员，兼任第五工场和氧气工场的主任工程师。他常常与工人一起抡铁锤、敲钢钎，在山岩上凿眼试爆。

1941年，苏元复被西迁至遵义的浙江大学聘为教授兼硕士生导师。在极其困难的条件下，他利用辗转千里运来的设备，建成了当时国内唯一的化工实验室。

1948年9月，苏元复担任上海交通大学化学系和化工系教授、系主任。当时上海交通大学里堆放着不少仪器设备，有人估计安装这些设备至少需要10万美元。苏元复凭着多年来积累的实践经验，带领一位助教和一位技工，很快利用这些设备建成了当时国内颇具规模的化工实验室。在上海解放前夕，他带领上海交通大学化学系、化工系的师生转移并保护了大量仪器设备，为新中国的建设保存了战略物资。

第一部中文化学工程教科书

中华人民共和国成立之初，百废待兴。对于高等教育来说，教材的建设迫在眉睫。早期的化工高等教育所使用的教材几乎都是原版或译本，既不符合学生的基础教育情况，也不符合国家的培养目标。

苏元复十分重视教材编写。早在1935年，他就与张克忠合编了《无机工业化学》。1951年，他又和张震旦、王承明合作编译了《化工原理》（上、下册）。这是中国编译的第一部中文化学工程教科书，后来成为全国高等化工院校普遍选用的教材。苏元复将自己渊博的知识毫无保留地传授给一代又一代年轻人。

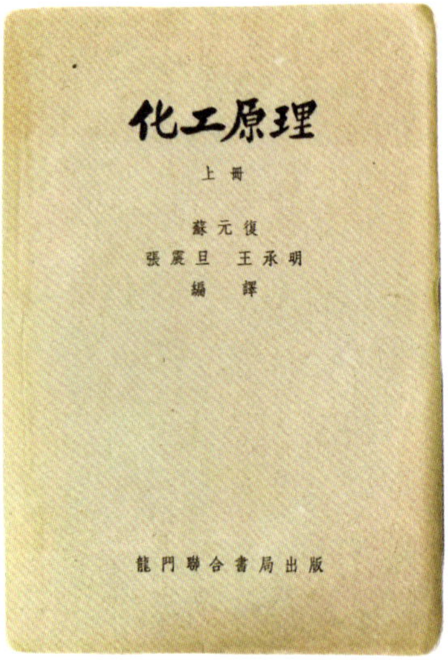
化工原理
上册
蘇元復
張震旦 王承明
編譯
龍門聯合書局出版

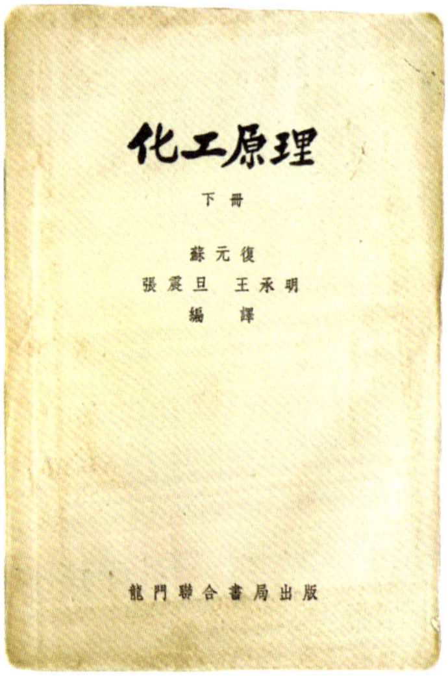
化工原理
下册
蘇元復
張震旦 王承明
編譯
龍門聯合書局出版

《化工原理》（上、下册）

精神闪耀

苏元复的科研方向一直与国计民生休戚相关。针对国内现状，他提出了化工开发应注意资源的综合利用，提出了节约能源和保护环境等方面的建议。他发明的麻黄素制取新工艺，改变了我国麻黄素生产的落后面貌，大大降低了成本，提高了我国产品在国际市场上的竞争力。苏元复实现了萃取法提取柠檬酸的工业化，降低了对环境的污染，更便于生产的连续化与自动化。

在教育上，苏元复也倾注了大量心血。1952年筹建华东化工学院（今华东理工大学）时，苏元复是负责人之一。他历任学院教授、副教务长、副院长，化学工程研究所所长和顾问，长期主管学院的科学研究及实验室建设，在国内首创化学工程专业及其研究机构。他还编写了诸多化工方面的专著和教材，是中国化学工程学科的奠基人之一。

对于家乡浙江海宁的发展，苏元复也极为关注。1985年，他受邀为海宁的化工业发展做规划，当时他的日程已经非常满了，但还是抽出一天的时间，带着助手赶到海宁，邀请了华东化工学院客座教授罗德成夫妇，一起为家乡出谋划策。

苏元复为祖国创造了巨大的财富，教学和科研成果丰硕，而他自己却一生淡泊。中华人民共和国成立之初，为支援社会主义建设，他捐出了自己的所有股票。可以说，苏元复数十年的研究成果都无私奉献给了祖国。

院士小传

苏元复（1910—1991），浙江海宁人。化学工程学家，中国科学院学部委员（院士）。

他曾任浙江大学、上海交通大学教授、系主任。中华人民共和国成立后，苏元复任华东化工学院教授、副院长，化学工程研究所所长。他还是中国化工学会副理事长、中国化学工程学会理事长、国际溶剂萃取委员会委员。

苏元复立足于国家重大需求和国际科学前沿，研究领域广泛，涉及矿藏开发、稀土元素提炼、化肥、药物、国防材料生产等，尤其在溶剂萃取理论及应用方面取得了重大成就。

苏元复创建了中国第一个化学工程专业。作为全国高等学校中第一批招收研究生的导师，他身体力行、言传身教，为国家培养了大批高级人才。他还编写了诸多化工方面的专著和教材，与人合著有《无机工业化学》《化工原理》《化工算图集》等。

汪胡桢

“中国连拱坝之父”

我没有什么才干，我只不过能抓住一切机会勤奋学习，学到一点切合实际应用的水利技术，能为国家做一些水利工程，培养出若干优秀的水利人才罢了。

码头上黑压压一片，挤满了接船的人群。

伴随着汽笛声，汪胡桢搭乘的轮船缓缓抵达上海。

人海之中，汪胡桢的爱人陈蕙珍和他的弟弟汪胡梓正翘首以待。此时的汪胡桢心急如焚，无心和阔别多年的家人寒暄，下船第一件事就是迫不及待地打开一个卷筒。

当时，连拱坝刚问世不久，仅美国及阿尔及利亚各有一个成功的例子。留学期间，汪胡桢就向共事多年的同事打听连拱坝，直到他马上回国时，对方才给了他一个密封的卷筒。汪胡桢欣喜若狂，但对方却嘱咐他，只有踏上中国的土地才能打开。可当他打开后才发现，里面装的只是一张白纸。

数学天赋

1897年7月12日，汪胡桢出生于浙江嘉兴。

汪胡桢的祖父姓胡，祖母姓汪，因祖父入赘汪家，父亲随祖母姓，取名汪胡泳。

父亲汪胡泳是上海汉口路颜料杂货店的一名店员，母亲黄月宝则是一名家庭主妇，有时候去当地的土作坊当缫丝女工赚钱养家。但正是这样一位母亲，天生对数学有着神奇的天赋。曾经有人出题：“每月初一吃核桃一个，初二吃两个，以此类推到三十日吃三十个，一个月究竟吃了多少个核桃？”汪母稍一计算，就得出答案“465个”。

在母亲的影响下，年幼的汪胡桢很早就对数学产生了浓厚的兴趣。父亲买了一本名叫《算术难问三百题》的书，书里编选了300道算术难题，不过没有具体解法，但书后有答案。汪胡桢的母亲便逐一计算出来和答案核对，带着汪胡桢一道一道地做题。

有了跟随母亲学习《算术难问三百题》的基础，汪胡桢在考中学时以第一名的成绩跳级入读。在兴趣与天赋的双重指引下，他得心应手地学习代数、解析几何、微积分等课程，为一生从事水利专业奠定了扎实的数理基础。

辛亥革命的这一年，父亲带汪胡桢去了上海，到上海后第一件事就是剪了发辫。回到嘉兴不久，父亲因肺炎去世。这一年，汪胡桢14岁。幸得姑母资助，他才得以完成中学学业。

汪胡桢从中学才开始学习英语，从字母学起，整整学了5年。不过到毕业时，他已经完全能看懂英文报纸，还能用英文写信。他晚年回忆，他的英文功底主要归功于他的英文老师王哲安。

那时候，中国人学习英文，通常把课程分为读本和语法两部分。读本教材基本选用的是英国古典文学作品，作品艰涩难懂，只要一翻开教科书，学生自然感到沉闷。王哲安的英文教学法却不同，他让学生朗读他从英文报刊上摘选来的片段。正是在王哲安的指导下，汪胡桢进步很快，学会了用英文写作。

“水库”译名

1915年，汪胡桢中学毕业时，正逢近代著名实业家、教育家张謇在南京创办河海工程专门学校（今河海大学）。

为了减轻母亲的经济负担，汪胡桢专门寻找那些一毕业就能就业的学校报考，当他看到南京河海工程专门学校的招生简章上注明说毕业后就能工作，并且对浙江学生免学费时，他立即报名应考。

汪胡桢原本的梦想是当铁路工程师，所以他其实并不了解所学专业。在第一节水工课上，水利先贤李仪祉关于“水利是什么”的一席话，激发了汪胡桢的兴趣。之后两年的专业学习，令汪胡桢确立了终身钻研的方向——水利工程。

一次，教务长李仪祉在课堂上展示了一个水体模型，英文称“reservoir”，在中国古书中叫作“陂”或“塘”，当时尚没有更好的译法。汪胡桢灵光一闪，将其命名为水库，还写了一首诗：“从来粟米聚成仓，而今雨水也入库。蓄潦济旱能发电，五谷丰登百工富。”这一“水库”的译名沿袭至今，来自浙江水乡的汪胡桢就这样在中国水利史上留下了第一笔。

结缘淮河

1920年，汪胡桢考取美国康奈尔大学水力发电工程研究生。取得硕士学位后，他曾在美国亚特兰大铁路电力公司实习，参与大型工程的设计。有着这些工作经历的汪胡桢，如果留在海外，优裕的中产生活唾手可得，但是他十分想念家乡的江河湖海。1924年，练就一身本领的汪胡桢毅然回国。

中华人民共和国成立后，关系亿万人民生计的水利工作迎来了春天。以治淮为首要任务的华东军政委员会水利部在上海成立，当时在浙江大学任教的汪胡桢被调任该部副部长，后又与同乡钱正英成为治淮委员会工程部正、副部长，主持制订治淮总体规划《治淮方略》。

治淮难，难在支流淠河。能否在淠河上游的佛子岭成功修建水库，几乎成为当时治淮工程的胜负手。这是中华人民共和国成立后兴建的第一个大型水利工程。为了啃下这块硬骨头，汪胡桢提出以连拱坝的方式修筑水库。这项技术当时在全世界仅有两个成功案例，在治淮工程这样的巨型工程中加以应用，史无前例。

1951年，佛子岭水库工程指挥部成立，汪胡桢被任命为总指挥。1952年1月9日，水库工程动工，汪胡桢亲自设计滑升钢模壳来解决拱圈浇筑问题，又以统筹的方法设计流水作业的程序。工程历时880天，提前3个月竣工。

佛子岭水库大坝，成为当时中国第一坝、亚洲第一坝、世界第三坝。汪胡桢也因此获得了“中国连拱坝之父”的美誉。70多年过去，这座全国重点文物保护单位的大坝累计拦截大大小小的洪水数百次，可坝身上由毛泽东主席题写的“一定要把淮河修好”八个大字依旧熠熠生辉。

其实，在修建佛子岭水库大坝时，人才奇缺。汪胡桢带领一批知识分子边干边学。他亲自讲授“坝工设计通则”“佛子岭连拱坝的初步设计”等课程，人们把工地称为“佛子岭大学”，并亲切地称他为校长。当时跟随他学习的曹楚生、曹宏勋、朱起凤等，后来都成为技术骨干，为我国水利事业作出了重要贡献。

之后，汪胡桢又被任命为黄河三门峡工程局总工程师，在大坝完成蓄水后，又被调任北京水利水电学院院长，开始为国家水利系统培养人才。

汪胡桢从事水利工作几十年，经历了两个不同的社会时期，中华人民共和国成立前社会动荡、战乱不止，虽然他尽心竭力做了不少水利计划，但都难以实现。中华人民共和国成立后，他先后参与佛子岭和三门峡两个大型工程，其他所有参与设计或提出建议的水库工程也都一一完工，真正做到了学以致用，实现了年轻时“实业报国”的志向。

晚年的汪胡桢被水利部聘为顾问，先后发表多篇专业论文，出版了不少书籍。生命不息、育人不止，他为国家培养了一代又一代水利人才。

汪胡桢曾在浙江嘉兴老家设计建造了两排平房，中间以长廊贯通，呈“工”字形，供他的母亲及兄弟居住，也作为自己归乡养老的所在。“工”字，就是为了提醒自己时刻不忘做一个称职的“水工”。

精神闪耀

汪胡桢在《回忆我从事水利事业的一生》中说：“我没有什么才干，我只不过能抓住一切机会勤奋学习，学到一点切合实际应用的水利技术，能为国家做一些水利工程，培养出若干优秀的水利人才罢了。”

少年时的他奋发读书，中年时的他立下毕生的宏愿，誓要为祖国大地根治水患。他用一生践行了这个无悔的承诺。从最初的抱负“水利救国”到“科技兴国”，汪胡桢一生奔走于运河、淮河、钱塘江、长江、黄河之间，贡献了自己毕生的心血。

汪胡桢总是自称为“水工”。建水库时，他住草棚、工棚、窑洞，很少回家。当时国内缺乏建造连拱坝的资料，以汪胡桢为代表的水利专家们，以科学的态度、刻苦钻研的精神，解决了连拱坝设计与施工中的一个个难题，仅用880天便建成了当时亚洲第一座由钢筋混凝土灌注的连拱坝——佛子岭水库大坝。

1938年，汪胡桢主编了《中国工程师手册》一书，为了出版这部巨著，他不惜卖掉了自己的房子。

他曾说：“我最大的夙愿就是早日实现祖国的四个现代化，让祖国的科学大坝早日竖立起来。这一天我可能看不到了，但是，如果我能化为一块石子、一把泥土，筑进科学大坝，我在黄泉之下，也会感到欣慰和自豪。”

院士小传

汪胡桢（1897—1989），浙江嘉兴人。水利专家，“中国连拱坝之父”，中国科学院学部委员（院士）。

1917年，汪胡桢毕业于南京河海工程专门学校。1923年，他获得美国康奈尔大学硕士学位。回国后，他历任河海工科大学、中央大学、浙江大学教授，导淮委员会设计主任工程师，钱塘江工程局副局长兼总工程师。中华人民共和国成立后，他历任华东军政委员会水利部副部长，治淮委员会委员兼工程部长，淮河水利工程总局副局长，佛子岭水库工程总指挥，北京水利水电学院院长，华北水利水电学院名誉院长，水利部顾问等职。

汪胡桢曾主持佛子岭水库、三门峡水库的设计工作，著有《水工隧洞的设计理论和计算》和《地下洞室的结构设计》等，主编《中国工程师手册》。

张齐生

与竹子打交道的木材加工工艺学专家

我和竹子结下了不解之缘，尝尽了酸、甜、苦、辣，竹子给我带来了多少个烦恼和不眠之夜，也给我带来无比的喜悦和欢欣！

“木材越来越紧张了，张老师，你们要能帮我们把这么多的竹子利用起来，那可为我们县做了大贡献！”这番话一直萦绕在张齐生心中。

眷恋家乡

“西子三千个，群山已失高，峰峦成岛屿，平地卷波涛……”这是郭沫若1963年视察淳安县千岛湖时留下的壮丽诗篇。

千岛湖

淳安县是张齐生的故乡，地处浙江西部，是一个山多耕地少、土地贫瘠的山区县，过去鲜为人知，因1960年在这里建成了新安江水电站，形成了千岛湖，成为闻名海内外的风景区。

1939年，张齐生出生在一个偏僻小山村，父母早出晚归才能勉强维持一家的生计。可是好景不长，在张齐生6岁那年，父亲患肝硬化，由于家境贫寒无钱治病，父亲在他8岁那年病逝，留下孤儿寡母6人。之后，家中全靠母亲一人支撑，尽管有外婆家的接济，生活仍十分贫困和凄凉。

张齐生是家中的长子。母亲节衣缩食，供他上学。他每天放学一回家，就跟随母亲上山放牛、砍柴，下地锄草、施肥。母亲辛勤劳作的情景深深地埋藏在他幼小的心灵中。也正是这个原因，他终生眷恋着故乡的山山水水、一草一木。

中华人民共和国成立后，张齐生凭借助学金顺利念完了中学。

1956年，张齐生高中毕业，同班同学纷纷选择报考航空、机械、化工等工业建设的热门专业。张齐生这个来自山区的农家子弟，出于对山区的情感，选择了当时非常冷门的南京林学院（今南京林业大学）木材机械加工专业。

“家乡满山遍野的竹子和树木大部分都被当作柴火，为什么不能派上用场？”他带着问题来到了大学，期待从知识中得到启迪和解答。

大学期间，他系统地学习了木材机械加工方面的专业知识，毕业后因成绩优异留校任教，从事木材加工工艺的教学和研究工作。

竹子情缘

1978年，我国科技工作迎来了“科学的春天”。张齐生除了完成教学任务外，还承担了几项研究和帮助山区建设木材加工厂的工作，因此，他有机会接触山区的干部和群众。这些勾起了他对家乡往事的回忆，他想起了童年时代陪伴他的那些郁郁葱葱、人见人爱的竹子。

竹子漫山遍野地生长着，年复一年地繁衍后代，傲然挺立，现在却被人们忘却。由于竹子直径较小、尖削度大、壁薄中空，竹材内富含淀粉等物质，容易被虫蛀和发生霉变，现有的先进木材加工机械和加工工艺都不能直接运用于竹材加工，因而千百年来世界各国的竹材都停留在原竹利用和剖篾编织的初级阶段，未能像木材那样得到广泛的利用。

1981年，已过不惑之年的张齐生毅然决定转变研究方向——从木材转向竹材。这种调整意味着放弃自己熟门熟路的研究领域。当时，许多人对他的这一举动很不理解，他却坦然地说：“在我的家乡，漫山遍野的竹子得不到开发，我希望通过我的努力将竹子的价值发挥到最大。”

中年的张齐生似乎又回到了童年，重新与竹子为伴，开始进行竹材工业化利用的研究与开发工作。他废寝忘食、全身心地投入，如痴如醉地与竹子打交道。他白天在实验室、生产车间研究竹子，空闲时间想到的也是竹子，晚上梦中见到的还是竹子。张齐生说：“我和竹子结下了不解之缘，尝尽了酸、甜、苦、辣，竹子给我带来了多少个烦恼和不眠之夜，也给我带来无比的喜悦和欢欣！”

张齐生为了“竹子梦”，不顾个人的病痛和劳累，风里来雨里去，长期深入竹区帮助当地人建厂，把研究成果转化为生产力，先后推广并建厂几十家；同时带着产品走遍大江南北，寻找敢于第一个“吃螃蟹”的人——竹材产品应用试验的合作伙伴，通过开展多种应用试验成功地解决了研究开发和应用中的技术难关。

功夫不负有心人，他和同事们经过十多年的努力，经历了无数次失败，终于成功地将竹子经过科学、合理的加工，制成了幅面大、强度高、不变形、耐磨损的各种竹质人造板系列产品，为竹材的工业化利用开辟了一条新路。这一技术被广泛地应用于建筑、家具、装饰等领域，使昔日无人问津的竹子成为今天的“骄子”，并使我国在这一领域的研究水平居世界领先地位。

作为一名农林院校的科研工作者，张齐生坚信服务国家生态文明建设是他的使命和责任。他率领团队对秸秆等农业废料进行林农生物质气化多联产技术研究，并实现了“一技多产”“零排放”“零污染”的目标。该技术已在河北平泉等多个生产基地投产，并受到有关部门的重视。

2008年5月12日汶川大地震发生后，张齐生组织其他高校同行开始进行木质和竹质抗震安居房的研究。他们充分发挥竹材资源丰富、取材便利、成本低廉的优势，在较短时间内研制出安装快速、安全性强、每平方米造价仅2000元的竹结构“抗震小楼”。

张齐生的科研成果工业转化率超过90%，每一项成果基本都能转让，形成现实的生产力，有力地推动了我国竹材加工产业的发展。

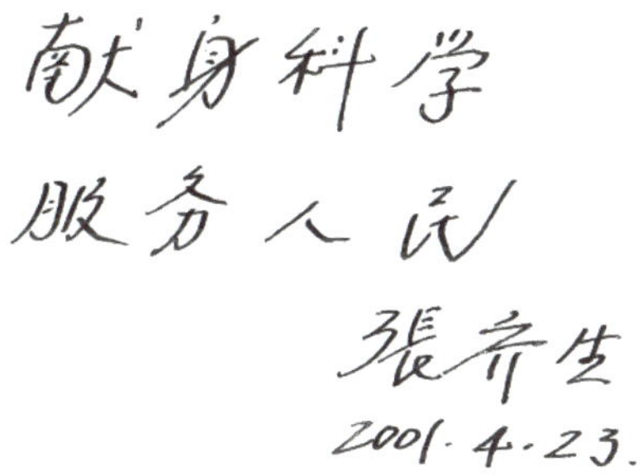

张齐生手迹

淳安竹林

精神闪耀

张齐生将毕生精力献给了木材加工与生态人造板工艺，以及林农生物质气化多联产技术研究，是我国乃至世界竹材加工利用研究领域的开拓者。

张齐生始终坚持和生产工人、技术人员奋斗在生产一线，指导科研成果转化和开发新产品。在他年近古稀时，每年仍有200多天在外地出差。

作为导师，张齐生培养了近百名硕士和博士。每一名学生走上讲台前，张齐生都会把他们的教案拿来，当面给学生提意见；对于学生做科研，他不但从思路上引领，还从国家、百姓需求上引导他们选课题；对于科研项目，他始终大公无私，将每个参与人员的姓名都署上，从不会遗漏。

张齐生在生活中十分勤俭节约，就连办公桌上的便笺纸，都是一些旧台历和用过的稿纸裁剪成的。他说自己是一个农家子弟，节俭已成为习惯，金钱对他没有什么诱惑力。人这一辈子就像在旅行，如果名利的包袱背得太重了，就走不动、走不远了。做一点自己喜欢的并对国家、老百姓有用的事，才是最重要的。

一次选择，倾注一生。张齐生的一生如竹子般坚韧不拔。他留给世人的不光有一系列研究成果，还有如竹子般的科研精神，影响着千千万万的学子和中国林业人。

院士小传

张齐生（1939—2017），浙江淳安人。木材加工工艺学专家、林业教育家，中国工程院院士。

张齐生开发了竹材胶合板、高强覆膜竹材胶合板、竹材碎料板、竹木复合集装箱底板、竹木复合层积材等系列产品。

张齐生非常重视将研究成果和社会经济效益相结合，有效地开展应用研究，使产品在众多领域得到推广应用，促进了我国竹材加工产业的形成和发展。

张齐生获国家科技进步奖和国家技术发明奖共7项，省部级以上奖项21项；他发表论文百余篇，出版专著、译著9部，获发明专利30余项；获“国家级有突出贡献的优秀中青年科技专家”“国家星火科技先进工作者”等荣誉称号。

张齐生是我国和世界竹材加工利用研究领域的开拓者，为竹材加工利用事业作出了开创性贡献。

张钟俊

“中国自动化控制之父”

系统工程是一门研究怎样才能“人尽其才、物尽其用”的实用科学，体现出跨学科的一切特点，也体现了科学的“杂交优势”。

晚年的他每天清晨5点起床，开始准备一天的科研和教学工作。因为工作需要，他经常出差。当家人和学生劝他多休息时，他总是动情地说："与其享清福，还不如累死在岗位上。"他就是"中国自动化控制之父"——张钟俊。

少年神童

1915年9月23日，在浙江嘉善一个普通的教员家庭里，张钟俊出生了。父亲家为书香门第，母亲家是县里的名门望族。

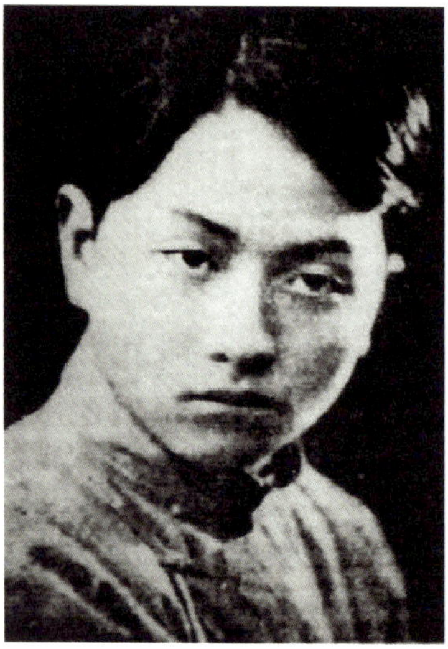

青年时代的张钟俊

1930年9月，张钟俊刚满15岁，便以优异的成绩考入了交通部所属的交通大学。

其实，早在幼年时期，张钟俊就展现出了自己聪颖的一面。他博学强记，兴趣广泛，思维敏捷。小学阶段，他就喜欢阅读各种科学丛书；中学阶段，他开始自学法文、德文，并且阅读了不少社会和经济方面的书籍。

为了求学，他辗转各地。1929年2月，就在春季开学的前几天，父亲带着张钟俊和之前学校的成绩单来到当时著名的上海南洋中学。校长看到张钟俊出色的成绩单，便准许他参加选拔考试。他原本打算插班进入高一学习，因此参加的是高一插班生的考试，只考国文、英文、算学三科。张钟俊对这些考试毫不畏惧，很有信心地提前完成了考试。第二天下午考卷评分出来后，校长亲自来查看考生的答卷。当看到张钟俊的国文、英文得分都很高，算学又得了满分，校长非常高兴，便问张钟俊：“你高一算学考这么好，高二的题目能做吗?”张钟俊表示高二的内容他也会一些，可以试一试。于是校长要来一份高二试卷让他当场做，算学教师看了之后，认为他能及格，跟上高二的进度应该没问题。于是张钟俊直接插班进入高二学习。

入学考试就得到了校长的赏识，张钟俊信心倍增，学习非常用功，总成绩名列班级第二。高中毕业时，张钟俊报考了当时国内最有名的三所理工科大学。结果三所大学都发来了录取通知书，他毫不犹豫地选择了交通大学电机系。一则交通大学的电机系是我国高校办得最早、当时师资实力最强的一个系；二则交通大学隶属交通部，按惯例成绩优异的毕业生可由交通部直接选派到美国留学。因此，交通大学成为他的首选。

1934年7月，张钟俊从交通大学毕业，获得电机工程学士学位，并获得了中美文化教育基金会的奖学金。1934年9月，张钟俊赴美国麻省理工学院电机工程系深造。

归国任教

张钟俊在美国麻省理工学院如饥似渴地学习先进的科学知识，只用了一年时间便通过了硕士论文答辩，获得硕士学位后，他随即选择继续攻读博士学位。由于成绩优异，他留校担任博士后副研究员。

1938年9月，张钟俊接到家里的书信，得知杭州沦陷后，百姓陷入水深火热之中，全家已经逃难到江西。面对这样的局面，他心急如焚，毅然决定放弃美国优越的生活条件和蒸蒸日上的事业，立即回国。

张钟俊先到香港和祖父母见面，并拿出他在美国的全部积蓄用来安顿父母，安排好他们未来几年的生活。在同年10月，他回到上海，成为交通大学1934届毕业生中从海外归来报效祖国的第一人。在目睹百姓的悲惨处境后，张钟俊婉拒了美商聘请他在上海电力公司任职的好意，安排弟弟和妹妹继续求学，自己则开始了执教生涯。

回国之前，张钟俊的名声早已传至国内。因此，他收到了多所学校的聘用邀请。考虑到弟弟、妹妹的入学、就业等问题，他决定接受武汉大学的邀请，去武汉任教。可是在他准备归国之时，武汉大学临时迁往四川乐山。1938年，张钟俊抵达武汉大学，担任武汉大学电机系教授。

张钟俊（中）指导学生修改论文

历经数月的辗转劳顿，张钟俊终于在四川乐山有了一个临时落脚点。他根据自己在国外的所学和随身携带的资料编写讲义，每编写一部分就讲授一部分，课时不够就利用节假日和周末补课。第一个学期下来，学生普遍反映效果不错。加上他与学生年龄相近，又性格活泼，很快与学生打成一片。他上课时，经常中英文结合，给学生讲授专业知识的同时，也让学生有机会练习英文口语，这样的教学方式十分受学生欢迎。不久，日军飞机开始轰炸乐山，并向学校投下燃烧弹。当时武汉大学的乐山校舍大都是临时建起来的一层楼木瓦房，日军飞机投弹之后，校舍一片浓烟，火光四起，遍地瓦砾，场面惨烈。张钟俊被迫转到重庆，担任中央大学电机系教授。1939年，张钟俊与交通大学的校友一起筹建了交通大学重庆分校。1940年9月，交通大学重庆分校成立，张钟俊被聘为电机系教授、系主任。

美国麻省理工学院院长曾亲笔致信张钟俊，邀请他出任该校电工系教授。但是，张钟俊一心要为祖国和人民服务，于是婉拒了对方的盛情邀请，决定留在上海，在交通大学里迎接抗战胜利的曙光。

1943年，电信研究所成立，张钟俊任主任。在电信研究所时，张钟俊的研究主题是网络综合理论，后期转向伺服理论。1948年，张钟俊开设课程，向研究生讲授控制理论。1950年，他应邀在中国科学院长春机电研究所再次讲授该课程。由此，中华大地上开始了控制理论的教学和研究工作。

张钟俊为恢复和发展上海的电力事业作出了很大贡献。他主持了上海统一电压和频率工作，领导并具体指挥了电网合并工程；领导了上海第一条过黄浦江电缆的铺设工程；还针对轰炸后上海供电紧张的局面提出一系列均匀负荷和节约用电的措施，这些措施被上海市政府采纳。

1952年，根据我国电力系统教育的现状，张钟俊决心翻译一批苏联教材，以提高教学水平。他翻译了《电力系统稳定》《电力系统短路》《电力网及电力系统》等书，还编写了《电力系统电磁暂态过程》，为我国的电力系统教学提供了一套完整的系列教材。这些译作、著作不仅在当时填补了国内空白，而且有的书至今仍被高校选作教材，影响深远。

精神闪耀

张钟俊有很高的学术造诣，他曾从事网络综合、电信、电力系统的研究，在这些领域内均有卓著的建树。他长期工作在自动化领域，对经典控制论、现代控制理论、系统工程、计算机应用、经济控制论等学科在我国的发展作出了开创性的贡献，是我国自动化学科的奠基人之一。他撰写了国际上第一本阐述网络综合理论的专著，在我国最早开设了伺服原理和现代控制理论课程。他是我国第一批将现代控制理论应用于实际工程的科学家，也是我国首批倡导系统工程的科学家之一。他出版专著十余部，在一流学术刊物和重要国际学术会议上发表论文数百篇，所研究的内容几乎覆盖了自动化的全部前沿领域。

张钟俊执教几十年，桃李满天下，培养了一批硕士、博士研究生，其中不少人现已成为计算机、自动控制等领域的著名专家和学科带头人。他教育学生要珍惜每一分、每一秒，不让时间在无聊的事上消磨。

院士小传

张钟俊（1915—1995），浙江嘉善人。自动化科学家，中国科学院学部委员（院士）。

1935年，获美国麻省理工学院硕士学位；1938年，获美国麻省理工学院科学博士学位。回国后，张钟俊先后在武汉大学、中央大学、交通大学任教授。

1948年，张钟俊讲授了中国最早的控制课程“伺服原理”；50年代，他主持编写了全国电力系统发展规划，参加了长江三峡水力发电工程论证；60年代，他将卡尔曼滤波运用于航海信号处理，是中国第一批将现代控制理论运用于实际工程的科学家；70年代以后，他积极倡导工业大系统、经济控制论等新领域的研究，率先用系统工程方法研究大规模地区发展规划。

张钟俊先后编写《电信网络》等专著10余部，发表论文400余篇。他曾任中国自动化学会副理事长、中国系统工程学会副理事长以及国务院学位委员会自动化组召集人等职。

陆学善

中国晶体物理学的创始人

做事业要慢慢来，好比（跑）马拉松，要坚持不懈，成功应该是一个漫长的循序渐进的过程。不要期望神仙相助，要慢慢积累，脚踏实地。

由于操劳过度，陆学善突发心肌梗死，住进医院。学生章综到医院探望他，哪知见面后，陆学善第一句话便追问章综工作有何进展。

几个月后，晶体结构的研究取得了突破性进展，章综一路飞奔，向在家中养病的陆学善报告这一喜讯。

陆学善听后兴奋不已，激动地拍着大腿，连声道："太好了！这比我吃什么药都好！"

为国家富强而勤学苦读

陆学善周岁时父亲病逝，家中生计全靠母亲打工维持。

陆学善的母亲是一名丝厂工人，可即使是日夜辛劳，母亲那一星半点的工资依然很难维持母子两人的生活，更别说供陆学善上学了。

好心的邻居见状，决定凑钱资助陆学善上学，之后，他才得以进入附近的"识字班"。可他常常饿着肚子去学校念书，老师知道后，有时会省出一点食物给他填填肚子。

后来，校方得知陆学善的这一困境，免去了陆学善的学杂费，同时每天为他免费提供一顿午餐，这个待遇一直持续到他高中毕业。这份恩情，陆学善始终铭记在心。他从小便懂得衣食来之不易，更深知求学机会的难得，立志要为国家富强而勤学苦读。

高中毕业后，陆学善决定打工来补贴家用，也为报答母亲的养育之恩。但是，高中校长和老师们都为他感到惋惜，大家都殷切希望这个成绩优异、勤勉的少年能有机会继续深造。最后，学校校长和老师们慷慨解囊，共同出资200元供他继续求学。

手捧沉甸甸的希冀，陆学善终于考进了之江大学。进入学校后，他便利用之江大学的英语教学优势，猛攻语言关，使得自己的英文水平在短短一年间有了大幅度提高。这为陆学善日后学习和研究打下了坚实的基础。

1924年，怀揣救国理想的陆学善重新报考，最终进入东南大学物理系学习。那时的东南大学是我国南方的最高学府，我国物理学界的老前辈严济慈、吴有训等都曾在此任教。

陆学善进入东南大学后不久，就获得了奖学金。当时，国民革命正风起云涌，陆学善也积极投身其中。中学时，他曾是湖州学生联合会的负责人之一，组织过游行示威和抵制日货等活动。大学期间，陆学善除了刻苦攻读外，还积极编写进步刊物，参加进步活动。

后来，清华大学增聘了许多极有学术声望的教授，开设了一些反映当时最新科学成果的课程。1928年，吴有训被该校聘为物理学系教授。此时陆学善刚好毕业，由于他深得吴有训的赏识，随即赴北平任吴有训的助教。

清华大学学术氛围浓厚，经常组织学术活动，报告各系的研究成果。陆学善进入大学任教后不久，学习了当时发现不久的电子衍射现象的理论基础和实验方法，并在物理学系的讨论会上做了报告。他从介绍德布罗意假说的理论要点出发，详细阐释了G.P.汤姆生利用阴极射线通过晶体薄片产生衍射的实验方法，并做了与实验结果一致的理论推导。

同时，陆学善还进行过声学方面的研究。清华大礼堂自1920年建成以后，音响效果一直不佳。为解决大礼堂里听音困难的问题，叶企孙、赵忠尧等人曾进行过一些研究。陆学善在叶企孙、萨本栋的指导下，研究了建筑声学中交混回响时间过长的现象及其改良的措施。

1929年，清华大学设立理科研究所，第二年开始招收物理系研究生，陆学善成为吴有训的研究生。在研究生期间，陆学善主要从事物质与射线相互作用方面的实验研究。

吴有训上课时特别善于引导，他总要对新生讲一个故事："当年有一名美国学生名叫劳伦斯，学习成绩一般，老师和同学们都不重视他。但劳伦斯有一个很大的优点——勤于动手。后来他凭着扎实的动手能力发明了回旋加速器，创建并壮大了'辐射实验室'，获得了诺贝尔物理学奖。"受这个故事的启发，陆学善开始注重培养动手能力，并取得显著成效。他在对多种原子气体的X射线散射强度的验证实验中证明了引入非相干项的重要性。他还对醛类物质的拉曼效应强度关系进行了系统的研究。由于在这些研究工作中获得优异成绩，他两次获得中华教育文化基金董事会的乙种科学研究补助金。

1933年，陆学善完成了题为《多原子气体所散射X线之强度》的研究生毕业论文。这篇文章后来在《中国物理学报》第1卷第1期上发表。年底，陆学善以优异的成绩毕业，并被学校选派出国留学深造。

远赴异国艰苦求学

出国之前，陆学善应他的老师——北平研究院物理研究所所长严济慈之邀，担任物理研究所助理员。

当时所里开展的是镭学、光学和地文物理方面的研究工作，陆学善进行了关于乙酰基丙酮的磁光色散的研究，并且和严济慈、李立爱两人合作，针对压力对Y射线照相所产生的影响进行了研究。

1934年，陆学善来到英国，在曼彻斯特大学物理系学习。这里有由世界闻名的X射线晶体学权威、诺贝尔物理学奖获得者W.L.布拉格教授主持的实验室，这个实验室是当时世界上晶体学研究的中心。虽然陆学善在国内没有专门进行过晶体学方面的学习和研究，但是他希望通过自己的学习，能够对祖国的工业、科学和国防事业有所贡献，因此他毅然选择了X射线应用方面的研究，成为我国第一个从事X射线晶体结构研究的物理学家。

陆学善在曼彻斯特大学求学的这两年并不轻松，他夜以继日地工作，在实验室里度过了大部分时间。每天，他天蒙蒙亮就来到实验室，中午在实验室里吃上几片抹了酱料的面包，晚上常常工作到很晚才回家。回到家后，他随便吃上几口，又开始处理实验数据。那时他连手摇计算机都没有，没想到，从国内带去的一个小算盘，这时派上了大用场。陆学善在夫人的协助下，反复计算、核对实验数据。尽管使用了算盘，计算的数据纸还是装了满满两小柜。面对如此巨大的工作量，就连长期待在实验室的教授们都感到很吃惊。

勤奋好学的精神和不懈的努力，使得陆学善只用了两年多的时间，就出色地完成了对Cr-Al二元合金系的研究。通过确定各相的相界位置和转换温度，他首次提出了完整的Cr-Al系相平衡图，并且成功地解决了该系的β相和γ相两个相的结构问题。这些研究成果后来都发表在了陆学善与A.J.布拉德雷联名的两篇论文中。

1936年，陆学善获得曼彻斯特大学物理学博士学位。年底，陆学善回到祖国，担任北平研究院镭学研究所研究员。

陆学善强调学术自由与民主，习惯在午后举办学术茶会。他的老师、时任中国科学院副院长的吴有训也经常来参加这个不定期的聚会，甚至连吴有训的老师——南开大学的胡刚复老前辈，有时也会从天津专程赶来参加这个小型讨论会，再加上陆学善的学生，正是“四世同堂”。他们或听取汇报，或交流资讯，或答问解疑，气氛活跃，亲切融洽。

陆学善回国工作后不久，想方设法开展科学研究，并取得一系列科研成果。他带领章元龙利用X射线研究熔凝石英的结构，后来他们合著的文章发表在《自然》杂志上。

镭学研究所有57毫克镭。为了免遭掠夺，陆学善在上海某银行以个人名义租用了一个保险箱，存放储镭白金管，使这一贵重的科研物资得以保全。后来，镭学研究所被敌伪人员接管。敌伪人员以高官厚禄利诱和要挟陆学善，但陆学善始终不为所动。他和夫人带着孩子逃离上海，避居苏州，以种菜为生，直至抗战胜利。钱临照曾这样赞誉陆学善:“矢志忠贞、不畏强暴、不为利诱、大节凛然，发扬了我中华儿女的民族正义。”

1949年后，镭学研究所上海晶体学研究室迁到北京，陆学善先后任应用物理研究所副所长、代理所长。

20世纪三四十年代，陆学善和在上海的一些科学家满怀爱国激情，共同翻译了12种数理化书籍。20世纪50年代初，他撰写了我国最早介绍半导体知识的文章。为了帮助青年科学工作者更好地学习和工作，陆学善和夫人合译了《物理实验室应用技术》一书。在这本书的前言中，陆学善强调，要通过学习来掌握物理实验室的基本技术，通过学习世界先进国家的实验技术来创造我们自己的技术。20世纪60年代，他不顾体弱多病，用两年多时间编写了《激光基质钇铝石榴石的发展》，这本书为激光晶体材料的研究提供了很大的帮助。

陆学善很重视物理学名词的审定工作。20世纪50年代初至20世纪80年代，他参加了中国物理学会物理学名词审查委员会组织的关于物理学名词的审查和增订等方面的大量工作，为《物理学名词》《物理学名词补编》的出版作出了巨大贡献。

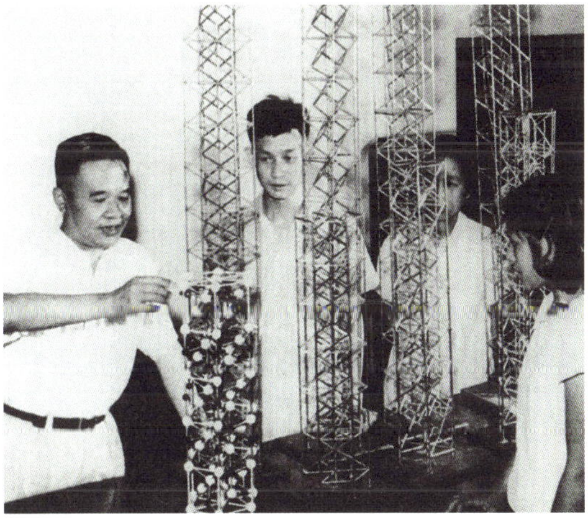

1956年，陆学善（左一）在实验室向学生授课

有人询问陆学善成功的方法，他说：“做事业要慢慢来，好比（跑）马拉松，要坚持不懈，成功应该是一个漫长的循序渐进的过程。不要期望神仙相助，要慢慢积累，脚踏实地。总之，成功主要靠人的热情、爱、执着。”

曼彻斯特大学

精神闪耀

陆学善为人不苟言笑，治学严谨，在研究所以“严”闻名。他非常重视实验工作，要求年轻人做实验时必须严肃认真、一丝不苟。他常常告诫学生要重视对基本功的训练，亲自示范并指导学生实验，要求学生每一个实验步骤都要原原本本地按他的示范模式操作，所有实验数据都须经过反复核实，要经得起任何检验。

陆学善的英文造诣很深，同时也擅长法文。在学习上，他从不自满自足，在70多岁高龄时，仍然孜孜不倦地学习计算机算法语言，真正做到了“活到老，学到老，工作到老”。

陆学善是中国科学院数理化学部最早的委员之一。1981年5月，中国科学院召开第四次学部委员大会，陆学善满怀振兴科学的激情，拄着拐杖参加会议。在会议的最后一天，陆学善心脏病猝发，溘然长逝。他把自己毕生的心血都献给了挚爱的祖国和科学事业，直至生命的最后一刻。

陆学善热爱祖国的品德、勤奋学习的态度、献身科学的精神和鞠躬尽瘁的作风，永远是青年学子学习的榜样。

院士小传

陆学善（1905—1981），浙江归安（今浙江省湖州市）人。物理学家，中国科学院学部委员（院士）。

陆学善曾任中国科学院物理研究所研究员、代所长、顾问，中国物理学会常务理事兼秘书长等职。他主要从事固体物理学（特别是X射线晶体学）的研究工作，是X射线晶体学研究队伍的主要创建人之一和中国晶体物理学研究的主要创始人之一。

陆学善早年创立的利用晶体点阵常数测定相图中固溶度线的方法，至今仍被广泛采用。他在多晶X射线衍射方法、粉末衍射照相机的设计、衍射图谱指标化、超结构相的理论与实验工作、相图以及晶体结构分析等方面，都作出了重要贡献。

陈士橹

宇航工程系的奠基人

每个学子的心中都有一颗星，如果能让自己出彩一点，整个星空就会更加灿烂。

“我要在科研道路上做出一份成绩，不辜负党和人民的期望！”1956年，当陈士橹递交入党申请书时，他这样说。直至走到生命尽头的那一刻，陈士橹始终用自己的行动诠释着一名共产党员的责任和担当。

航空报国梦

1920年9月24日，在浙江省东阳市千祥镇上东陈村一农户家里，一个小男孩呱呱坠地，他就是陈士橹。

上东陈村村前溪水潺潺，游鱼可数，村后的山上树木葱茏，陈士橹家祖祖辈辈就生活在这山清水秀的地方。

陈士橹的祖父是私塾先生，父亲是小学教员。在家庭影响下，陈士橹自小聪慧，好学上进。他7岁上小学，每遇农忙的节假日，他都主动帮家里干农活，养成了勤劳朴实的品格。9岁时，他曾经救起一个落水的同龄儿童，受到乡亲们交口称赞。小学毕业后，他在父亲的陪同下，先步行到义乌，然后坐火车至金华，报考浙江省立第七中学（今浙江金华第一中学）。那一天，他第一次看到火车、汽车和电灯，心里格外兴奋，感慨外面的世界真精彩。

陈士橹虽然被金华的中学录取了，但根据当时的家庭经济条件，他是上不起中学的。第一学年的学费还是靠家里卖掉唯一的耕牛后才

钱江潮涌

院士语录

卢良恕

小麦育种与栽培学家、农业与科技发展专家，中国工程院院士

为了国家的农业振兴，我要走遍祖国的山山水水，了解民情民意，掌握我国各区域农业生产的基本情况和特殊规律。

农业研究有着明显的区域性，只有心系农村并亲临其境，才可能对全国的农业有一个全面的认识，才会有发言权。

叶橘泉

中医药学家，中国科学院学部委员（院士）

在我眼里只有重病人、轻病人之分，没有穷人和富人、国人与洋人之别！

笨鸟先飞，笨者先行，总要达到终点。

“方证学”是中医学的主要特色，有是证，用是方，方证相应。

冯泽芳

农学家、教育家，中国科学院学部委员（院士）

我一生最爱的，一是棉花，二是青年。

斯字棉、德字棉和木棉是我的三个孩子，我爱木棉同爱我的小女儿一样。

一个人在事业上的成就，除了天资，更重要的是靠勤奋。

注重自学，独立思考，锻炼思维能力。只有勤学苦练，将来才能成为有用的人。

许　杰

古生物学家、地质学家，中国科学院学部委员（院士）

我与喻德渊一起，租了一条小船，溯江而上，时宿船上，时住庙宇，进行地质矿产考察，采集了大量岩石矿物和化石标本。

严济慈

物理学家、教育家，中国科学院学部委员（院士）

我从自己的亲身经历中，深切地感受到一个国家要富强，一个民族要振兴，抓好教育、抓好科技是非常重要的。

我这次再去巴黎，为的是更加充实自己，回国后要让科学在中国的土地上生根!

学术工作，无捷径可走，只有加倍努力与拼命苦干。

苏元复

化学工程学家，中国科学院学部委员（院士）

为了试验研制出来的新型炸药的威力，我常与技术人员一起抡铁锤、敲钢钎，在山岩上凿眼试爆。

什么是好的理论？能够应用于工业实际、解决实际问题的理论才是好理论。

汪胡桢

水利专家，中国科学院学部委员（院士）

我没有什么才干，我只不过能抓住一切机会勤奋学习，学到一点切合实际应用的水利技术，能为国家做一些水利工程，培养出若干优秀的水利人才罢了。

我获得了新生，能为国家建设佛子岭与三门峡两座水库。

中学时代是一个人确立人生观及为体质、学识打好基础的时代，故中学教育最应受到重视。

张齐生

木材加工工艺学专家、林业教育家，中国工程院院士

我和竹子结下了不解之缘，尝尽了酸、甜、苦、辣，竹子给我带来了多少个烦恼和不眠之夜，也给我带来无比的喜悦和欢欣！

政府和百姓的需要，就是我的课题。

科学研究不是教学，我们要想前人没有想过的问题，做前人没有做过的事情。科学研究，我们一定要坚持科技创新的大方向。

张钟俊

自动化科学专家，中国科学院学部委员（院士）

系统工程是一门研究怎样才能“人尽其才、物尽其用”的实用科学，体现出跨学科的一切特点，也体现了科学的“杂交优势”。

培养研究生，讲究“实、严、新”——“实”是指基础扎实，“严”是指推理严格，“新”是指选题要新，要敢于接触那些前沿课题。

陆学善

物理学家，中国科学院学部委员（院士）

做事业要慢慢来，好比（跑）马拉松，要坚持不懈，成功应该是一个漫长的循序渐进的过程。不要期望神仙相助，要慢慢积累，脚踏实地。

陈士橹

飞行力学专家、教育家，中国工程院院士

每个学子的心中都有一颗星，如果能让自己出彩一点，整个星空就会更加灿烂。

六十多年来，我亲历和见证了国家航空航天事业由小到大、由弱变强的发展轨迹，在航空航天的崛起中也尽了自己的一份责任，我为祖国跻身世界航空航天大国强国之林而倍感光荣和自豪。国家能有今天的实力和地位，是几代人不懈奋斗的成果。

金国章

药理学家，中国科学院院士

在“中药科学化”的方针下，我应该尽最大力量，将许多国药的药理作用研究清楚，以便为广大人民解除用药（带来）的苦痛。

希望师生们能认识到“知之者不如好之者，好之者不如乐之者”，乐道是最高境界；要登高望远，胸怀大志，关注科学发展;又要追求创新，做出好成果，为国争光。

科研的成功往往依靠集体的智慧。如果把我国科研事业比作浩瀚大海，那么我个人在其中所起的作用只是“沧海一粟”。

金善宝

农业科学家、教育家，中国科学院学部委员（院士）

在实现四个现代化的长征路上，我要把82岁当作28岁来过，把自己的余年贡献给中国的小麦科学事业。

科学实验一定要实事求是，决不能言过其实。

周炯槃

通信技术专家，中国工程院院士

数学本是一门很抽象的学科，但它深深地吸引了我，而且还感到它无处不在。不论在生活中还是在科学技术中，它都是精确描述和认识事物的工具。

信息是一个常用的词，它代表着某一抽象的有待传送、交换、存储以及提取的内容。例如我们说互通信息，利用信息做出某种判断，等等。其实信息是一个含义相当深刻的概念，它涉及生命现象本身。

赵忠尧

核物理学家，中国科学院学部委员（院士）

六十多年来，我一直在为祖国兢兢业业地工作，说老实话，做老实事，没有谋取私利，没有虚度光阴。

父母亲老年得子，又见我身体弱小，对我管教（得）格外严厉。上小学时，父母不许我上体操课，我的体操成绩因此总是（得）零分。到了中学，也从不让我参加爬山、游泳等活动，我从小只是体育场边的观众。五十多岁时，我才迫切感到锻炼身体的需要，开始学游泳、滑冰，虽然晚了一些，（但）仍然受益匪浅。

徐更光

爆炸理论与炸药应用技术专家，中国工程院院士

工作给每人以机会，然而，成果只属于那些勤奋、诚实，为工作做出创造性劳动的人。

爆炸科学在军事科学技术的发展、武器弹药的研制及防护、军事爆破工程等方面起着重要作用。爆炸科学技术也在煤炭、石油及矿山开发，机场、港口、水坝与隧道建设，各种爆炸加工与地质勘探等国民经济建设的许多重要领域得到广泛应用，在建设现代文明世界过程中发挥了巨大作用。

陶诗言

气象学家，中国科学院学部委员（院士）

发射场上空不能有云，这个云很难预报。我到部队里去作气象保障，就是保障导弹附近不能有云，要用肉眼目测它的姿态……

预报天气七十载，成功失败四六开。

当预报员酸甜苦辣都有，挨骂的也有。但对我来说，这个过程是个锻炼。

我最多只能算中等资质，要说优点，恐怕只有一个，就是有韧劲，不怕失败，自认为配得上“锲而不舍”这个词。

黄文虎

机械动力学专家、航天工程专家，中国工程院院士

什么是幸福？当官、有钱都不是，对我来说，破解科技难题，那才是什么都比不了的幸福。

国家处于危急存亡关头，只有努力学好本领，才有可能拯救国难。我们这代人都是怀着这样一颗为国家、为民族而努力学习的赤子之心，度过了颠沛流离的求学生活……

龚晓南

岩土工程专家，中国工程院院士

我还要继续努力，因为岩土工程研究是不可穷尽的，还有许多新问题等着我们去解决。

屠守锷

火箭总体设计专家，中国科学院学部委员（院士）

人家能做到的，不信我们做不到。我们自己要掌握这个技术，让别人不敢轻易碰我们。

关键是要吸取教训，把我们自己的事情做得更好。

我们该做的工作都做了，目前它的性能状态是良好的。我们认为，这枚作为首发试验的火箭，应该得到最好的考验，以便通过飞行试验，进一步检验我们的方案，从中找出不足。

屠善澄

自动控制和航天工程专家，中国工程院院士

做任何工作都需要认真，科学更需要认真。不仅要认真认识所处理的问题的方方面面，更要弄懂道理，真正吃透道理，能真正掌握事物变化的规律。

人类在不断研究、探索和利用空间的征途中已经取得巨大成就，并必将不断取得更大的成就，造福人类，而这一切都是建立在严格的科学分析推理和工程实践基础之上的。

褚应璜

电工学家，中国科学院学部委员（院士）

我认识的人多，所以我就在工厂和科研单位之间搭桥，目的是促使科研单位的研究成果能在生产上应用，为我国电工产品进入国际市场贡献力量。

潘德炉

海洋遥感专家，中国工程院院士

哪个国家掌握了高科技，就会在海洋竞争博弈中掌握主动权。我理解的创新是一种使命，不是一个口号。

教育要始终把德放在第一位，什么是德？就是爱国。只有爱国，才能读好书、干好事，才会成为人才。

年轻人一定要看得远，不要只盯（着）眼前，世界是发展的，知识是一个人真正的财富。

凑齐的。他深知生活艰难和学习机会来之不易，生活勤俭节约，学习勤奋刻苦。从初二起，他年年都获奖学金，取得了公费考取高中的资格，并以全班第一的成绩毕业。

中学时期的数学老师储风笙、吴鹿民、江成标，英语老师王允文、王斗甫，理化老师施伯侯、何祖诒等的谆谆教诲和严谨治学的风范使陈士橹受益匪浅。

当初考中学时，祖父及父亲所期待的仅仅是陈士橹设法读完中学，争取当一名小学教师，能保证有一份工作。当时正值抗战时期，日本人的飞机经常到中国的大中城市狂轰滥炸。陈士橹目睹了日寇飞机轰炸金华的全过程，产生了强烈的“航空救国”的想法。他说：“要是我们也有飞机、有空军，日本人就不敢这么狂妄！”

高中毕业后，陈士橹放弃了保送的机会，坚定地报考了航空类专业。在“求新”“航空救国”思想的主导下，他认为航空这门新学科、新专业大有前景。1941年，他以优异的成绩考入国立西南联合大学航空系，进校后潜心学习，惜时如金。大学期间，他受到了多位杰出教授的教导，如讲授飞机结构的王德荣教授，讲授航空发动机的宁幌教授，讲授物理及空气动力学的王竹溪教授、王宏基教授，讲授数学的杨武之教授、赵访能教授等。其间，陈士橹不仅学到了“航空救国”的知识，而且坚定了“航空救国”的信念。

1945年，陈士橹25岁，他以优异的成绩从国立西南联合大学毕业，之后留校任助教。后来，他又在清华大学、上海交通大学、华东航空学院等学校任教，为实现“航空救国”的抱负不断努力。

拓路苍穹

20世纪50年代，国家建设急需人才，陈士橹被华东航空学院选派留学苏联，到莫斯科航空学院进修。

“世界是你们的，也是我们的，但归根结底是你们的……”在莫斯科大学礼堂里，陈士橹现场聆听了毛主席的这番经典讲话，内心无比激动。

尽管莫斯科漫长的寒冬让陈士橹的关节炎频频发作，但深受鼓舞的他强忍疼痛，刻苦钻研。仅用两年的时间，陈士橹就完成了普通苏联学生需要三至四年才能完成的学业，成为在莫斯科航空学院第一个获得副博士学位的中国留学生。

陈士橹创建的简捷计算机动飞行的气动性能新方法，被专家称为“陈氏机动飞行算法”，获得了导师的高度评价。

学成归国后，陈士橹跟随华东航空学院西迁，来到了西安。从此，他在祖国的西部大地上深深扎下了根。

从航空到航天，一字之别，却是从零开始。

1959年，一项新的使命静静等待着他去完成——创建西北工业大学宇航工程系，这是我国宇航工程科技教育的首批院系。

当时，国内高校中没有有效经验可以借鉴，陈士橹和同事只能专程赶赴北京航空学院（今北京航空航天大学）学习取经。在筹建宇航工程系的日子里，陈士橹可以说是夙兴夜寐、殚精竭虑。他每天除了吃饭、睡觉，其他时间基本上都在办公室里忙碌。为了保证第二天能正常上课，陈士橹经常备课到深夜。

1959年底，一个新系在西北工业大学正式设立。然而，另一个问题也随之而来。宇航工程系刚刚建立起来，最短缺的就是教材，当时很多教授只能依靠讲义或讲稿授课。面对这种状况，陈士橹带领教研室的教师动手编写教材。

功夫不负有心人，他终于在1961年编写完成宇航工程系的相关教材并将其应用于教学。自那时起，陈士橹便根据专业的教学需要精心规划宇航工程系各专业的教材。1964年，陈士橹又亲自编写了教材《导弹动态误差》，这部教材成为后来飞行力学专业的范本。

陈士橹受命创建的西北工业大学宇航工程系，开创了我国宇航工程科技教育的先河。该系开设了导弹设计、火箭发动机、飞行器控制与导航、飞行力学4个专业。在极端艰苦的条件下，宇航工程系不断发展壮大，最终形成航天学院，成为西北工业大学航空、航天、航海三大特色中的重要一翼。

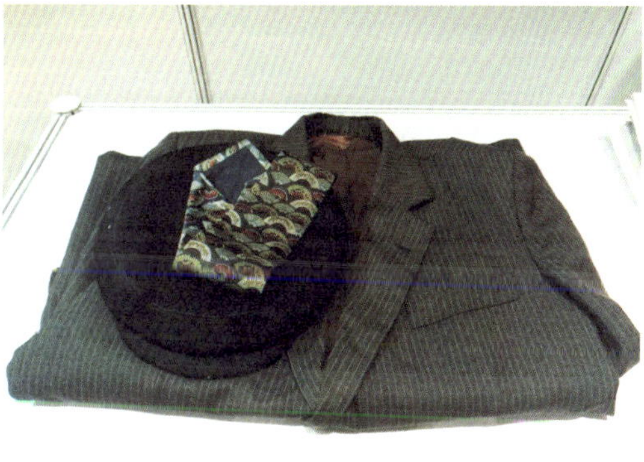

陈士橹穿了30多年的西装

然而，如此重要的宇航工程系，一度在诞生不久就面临着被“撤并”的严酷现实。1963年，因上级主管部门的变动，突如其来的“撤并”

陈士橹在办公

风使得西北工业大学及其同类航空高校都面临着一次学科专业上的重新“洗牌”。

在生死存亡的紧要关头，一向温文儒雅的陈士橹却坚守自己的主张，为保留宇航工程系奔走呼吁：“中国这么大的国家，没有航天肯定不行！”亲手创建并亲历教学实践、人才培养和专业建设的陈士橹坚定地认为：“航天学科在航空上每上一步都很不容易，随便撤掉实在太可惜了！”

精诚所至，金石为开。最终，西北工业大学宇航工程系得以保留。

在那段艰苦卓绝的岁月中，陈士橹培养的大批骨干教师，成为20世纪90年代我国航天大发展时代学科建设的主力军，这些教师所培养的毕业生成为国家航天和国防事业的顶梁柱。

为铭记陈士橹在创建宇航工程系过程中作出的贡献，学校特聘他担任航天学院名誉院长。他成为西北工业大学第一个被任命为名誉院长的人。经过几代人的不懈努力，由他一手创建的西北工业大学宇航工程系早已发展成为中国四大航天学院之一。

“桨，行舟具，长大曰橹，短小曰桨”，陈士橹院士无疑是中国航空航天事业的一支巨橹，摇动七十载，长行百余里。

2016年4月24日——首个中国航天日，一颗赤诚的“航天之心”停止了跳动。陈士橹院士的“毕生航天情”，在这特殊的一天里画上了句号。他是中国航空航天事业的闪耀星辰，助力中国第一代捆绑式火箭诞生；他是中国飞行力学领域的扛旗手，为中国航天器发展扫除了一系列“拦路虎”；他带领团队“护送”神舟系列飞船顺利升空……

陈士橹的一生，是为国防建设孜孜不倦、锲而不舍奉献的一生，是为中国航天事业开拓创新、勇攀高峰的一生，也是为祖国强大敢于担当、鞠躬尽瘁的一生。

陈士橹，为航天而生，为航天而去。

陈士橹指导学生

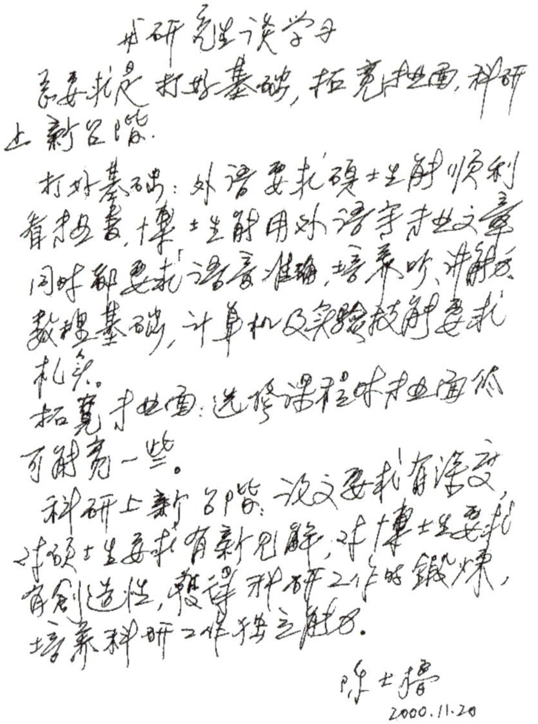
对研究生谈学习

主要抓：打好基础，拓宽知识面，科研上新台阶。

打好基础：外语要求硕士生能顺利看专业书，博士生能用外语写专业文章，同时都要求语音准确，培养听、讲能力。数理基础，计算机及实验技能要求扎实。

拓宽知识面：选修课程的知识面应可能宽一些。

科研上新台阶：论文要求有深度，对硕士生要求有新见解，对博士生要求有创造性，接受科研工作的锻炼，培养科研工作独立能力。

陈士橹

2000.11.20

陈士橹手迹

精神闪耀

陈士橹从教数十年，60多岁还坚持给本科生上课，90多岁还亲自指导博士、硕士，就连学生论文中的错别字、标点符号都认真修改。耄耋之年的他，还给自己定下规矩：每天至少写下500字的学术思考。他日复一日地坚持，直到去世前两个月，实在写不动了才停下手中的笔。

他先后培养出50多名硕士、博士，包括我国第一位飞行力学专业博士。

在西北工业大学师生的记忆里，陈士橹十分简朴，穿的很多衣服都是地摊上几十元的便宜货；家里的衣柜、写字台都是20世纪50年代他从南京带过来的，椅子早就没法坐人了，"服役期"最长的一个柜子超过60年；一套参加会议、接待客人的灰色西装穿了30年，都洗得掉色了，他也不让扔掉，还继续穿。

陈士橹严于律己，无私无畏。家里曾保存着100多张汇款单，都是他援助家乡建设和帮助困难群众的明证。按照国家规定，院士出差乘飞机是可以坐头等舱的，但陈士橹一直坚持订经济舱，还尽量挑打折的订，他认为这样便可以给国家节约经费，他常说国家的钱不能乱花。去世前，他将毕生积蓄100万元捐赠给了学校，以此反哺自己奉献一生的教育与科研事业。

院士小传

陈士橹（1920—2016），浙江东阳人。西北工业大学教授，飞行力学专家、教育家，俄罗斯宇航科学院外籍院士，中国工程院院士。

陈士橹长期致力于弹性飞行器飞行动力学与控制的研究，开拓了新的学科研究分支。他在弹性飞行器建模、伺服气动弹性动态耦合、稳定性分析、主动控制系统的设计等方面形成了较为完整的理论体系和分析研究方法，成果达国际先进水平，并成功地应用于飞航等型号设计。

作为我国航天科技教育领域的开拓者之一，陈士橹创建并长期领导西北工业大学宇航工程系。他在国内外发表学术论文150多篇，培养飞行力学硕士、博士50多名。

2017年5月，陈士橹被国家工业和信息化部党组追授为首位“工信楷模”。2018年2月，他被陕西省委追授为“三秦楷模”。

金国章

毕生追逐神经药理学的“夸父”

在“中药科学化”的方针下，我应该尽最大力量，将许多国药的药理作用研究清楚，以便为广大人民解除用药（带来）的苦痛。

一位少年初中毕业后罹患伤寒，高烧7天7夜不退，甚至一度昏迷不醒。后来，这位少年考入浙江大学药学系，毕业后到中国科学院上海药物研究所报到，并在入职调查表上郑重地写下了自己的心愿："在'中药科学化'的方针下，我应该尽最大力量，将许多国药的药理作用研究清楚，以便为广大人民解除用药（带来）的苦痛。"

他就是我国著名药理学家——金国章。他六十多年来兢兢业业，奉献于我国的药理学事业，同时取得了多项原创性研究成果，在国内外产生了重要影响。

情定药理学

金国章或许自己都未曾想到，会以这样的方式走上药学之路。

他出生于浙江省永康市唐先镇前渡金村，七八岁时就学会了踏水车，小小年纪就成为祖父务农的好帮手。

初中毕业时，一场突如其来的副伤寒，让金国章高烧7天7夜不退，甚至一度昏迷不醒。幸好他后来死里逃生，但正是这次经历，让金国章对中医药学突然产生了强烈的好奇心。"研究中药，治病救人"，从此，他在心底埋下了一颗学医的种子。

高中毕业时，老师对他"科学报国"的赠言更加坚定了他学医的信念。

1947年夏天，金国章得知浙江大学理学院设有药学系后，兴奋不已。那年，他从高考志愿表里毅然划去了自己曾经心仪的农业机械化专业，选择了更感兴趣的药学专业。

金国章办好入学手续后没几天，就迫不及待地从浙江大学图书馆里借阅了8册图书。从他的借阅书目中可以看出，其中百分之九十都是与医药相关的书籍。

当时，药学研究是一门新兴学科，被国家寄予厚望。虽然教职人员和实验设备都不齐全，但在浙江大学五年的高强度学习过程中，金国章的学术视野被打开了，这也为他今后追寻药理学之梦打下了扎实的理论基础。

1952年大学毕业后，金国章被分配到中国科学院上海药物研究所工作。国家要发展科学事业，药物研究所也要创建药理学实验室，这个时候国家急需科研人员。刚从美国学成归来、立志报效祖国的丁光生教授，正好回到了上海，金国章成为他的第一位助手。后来，丁光生创建了药理学科，金国章从此迈进了药理学研究的大门。

揭开延胡索镇痛之谜

1956年，在留苏归国的胥彬教授的指导下，金国章承担了著名镇痛中药延胡索有效成分的药理学研究任务，从而步入神经药理学的研究领域。

延胡索是一味著名的镇痛中药，根据《本草纲目》记载，它“味苦微辛，专治一身上下诸痛，妙不可言”。它针对胸痹心痛、经闭痛经、产后瘀阻、跌扑肿痛等有较好的镇痛、镇静效果，并有催眠作用。我国药物化学家赵承嘏曾对此进行系统研究，从延胡索中分离出十多种生物碱，并确定了其化学特性和结构，然而它的镇痛有效成分是什么，却始终是个谜。

金国章常说，在延胡索研究中，如果说李时珍是执棒起跑的第一人，那么赵承嘏是接力“第二棒”的人，自己则只是站在两位巨人肩上，要奋力跑好“第三棒”的人。

以前，人们在用中草药防治疾病时，或用水煎、酒浸，或做成丸、膏等各种剂型。然而，它们的有效成分是什么，却始终是个问号。

金国章夫妇合影

1956年，金国章从赵承嘏手中接过他珍藏了近20年的生物碱样品。在“接棒”后的八年里，金国章从一名大学毕业生成长为上海药物研究所的课题组长。他证实了左旋四氢巴马丁是中药延胡索的主要有效成分，并研究开发出镇痛新药罗通定。这是中华人民共和国成立以来，应用现代科学技术研究成功的第一种神经系统药物。该药被列入国家药典，载入多版药理学教材并沿用至今，为中药现代化提供了成功的范例。这项成果也被纳入中华人民共和国成立十周年的国庆献礼项目。1959年10月1日，金国章作为上海市科技界的代表之一，参加了首都的国庆观礼。他深情地回忆：“当火车缓缓北去，我看到祖国的大好河山，我的内心非常激动，充满了报效祖国的豪情。”

1959年10月1日，金国章参加首都的国庆观礼

十二字箴言

1978年，金国章考虑到科研工作要“有所为，有所不为”，决定回归四氢原小檗碱同类物作用于脑内多巴胺神经系统的药理研究。金国章发现延胡索乙素的化学结构与许多类似物有相同的母核，均属于四氢原小檗碱同类物，而它们的神经药理作用在国际上尚未见报道，属于全新的研究领域，很有研究价值。

除此之外，金国章团队还发现了以延胡索乙素为代表的镇痛作用新机制。延胡索乙素既不是抗炎类镇痛剂，也不是吗啡类镇痛剂，但具有明显的安定作用。这一发现对科学整理中药延胡索的神经药理作用具有关键性的意义。金国章风趣地把这一研究成果称为“失之东隅，收之桑榆”。

1981年，金国章对于学习孜孜不倦

1993年，随着改革开放的发展，国内市场经济体制发生了重大改革。金国章十分担忧年轻的科研人员为了图一时之小利而荒废学业。所以，三思之后，他亲手书写“安贫乐道，志在前程，为国争光”这十二个字，并挂在实验室里最醒目的地方，与师生共勉。

“不管将来你们毕业后是去国外深造，还是留在国内发展，都应为国家作贡献，为国争光。生活每一天都在变，而科研人员的志向与方向不能变。”金国章的话铿锵有力，研究组全体成员旋即专心投身于药理学的研究中。

如今，药理学研究的接力棒仍在传递。金国章的研究经过结构的优化和发展后，其学术思想和科研成果将在一代又一代药理人手中继续传承、发扬。

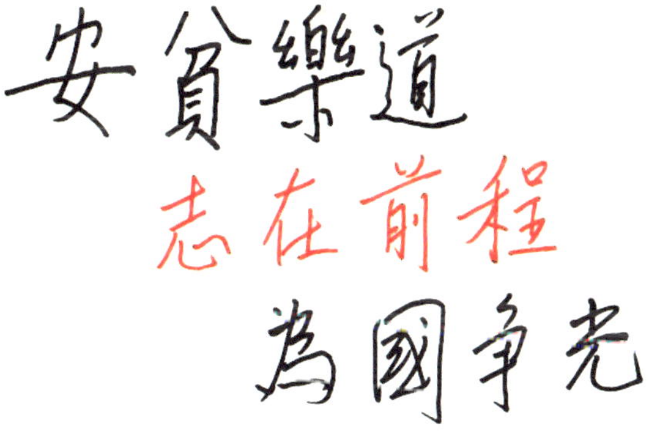

金国章手迹

精神闪耀

金国章是我国多巴胺药理学研究领域最有成就的学者之一。他一生钟爱药理学事业，取得了多项原创性研究成果。他被誉为研究中国传统医药的“模板”，甚至有人称他为神经药理学王国的“夸父”。

他常把个人比作“沧海之一粟”，而把人民的事业比作“长江之无穷”。20世纪80年代初期，金国章去法国做访问学者，当时国内家用电器紧缺，同行的人回国时都带回了些家电。他不仅为实验室专门带回来一台当时国内还没有的制冷温度可达零下20℃的冰箱，还带回了实验工具、药品和详细的实验笔记。几十年过去了，这台冰箱仍在实验室里正常运转。

金国章一生都非常勤奋，无论是节假日还是生日，他都在实验室里工作。他家离单位很近，晚饭后他经常去实验室继续工作。他工作起来常常废寝忘食。常年紧张的工作使他患上了胃癌。2002年，他做了胃部分切除手术。术后，他只能少食多餐，但他依然忘我地投身于科研工作中，妻子只能在他口袋里放些饼干和巧克力，以便他肚子饿时充饥。

金国章以“知其然，还要知其所以然”的准则指导研究工作，以“安贫乐道，志在前程”的精神潜移默化地影响后人，完美诠释了一代老科学家的风范。

院士小传

金国章（1927—2019），浙江永康人。药理学家，中国科学院院士。

金国章1952年毕业于浙江大学理学院药学系，同年被分配到中国科学院上海药物研究所工作。他系统研究了中药延胡索的神经药理作用，证实了左旋四氢巴马丁是延胡索的主要有效成分，是多巴胺受体阻滞剂；发现左旋四氢巴马丁有镇痛及安定作用并被载入国家药典，开拓了四氢原小檗碱同类物作用于DA受体的研究领域，发现了左旋千金藤啶碱具有D1激动、D2阻滞的双重作用，它是第一个具有双重作用的安定剂，为抗精神病药物研究指出了新的发展方向。1997年，他提出"匹配治疗"的观点，受到国际广泛关注。2010年，他兼任江汉大学武汉生物医学研究院院长，推动防治毒品复吸的药物研究工作。

金国章主编药理学著作3部，参编其他著作36部，出版《脑内多巴胺的生物医学》《中药延胡索研究中的新发现》等著作。

1986年，金国章（左一）在实验室里工作

1994年，金国章（左一）与孙宝存在观察实验

金善宝

中国现代小麦科学的主要奠基人

在实现四个现代化的长征路上，我要把82岁当作28岁来过，把自己的余年贡献给中国的小麦科学事业。

1930年，他站在轮船的甲板上，眺望渐行渐远的祖国，思绪万千……“民以食为天”，可当时的中国人民却连基本的温饱问题都无法解决，金善宝决心赴美留学，努力探索农业生产的奥秘。

立志学农，救世济民

1895年7月2日，金善宝出生于浙江省诸暨市枫桥镇。

父亲是清末秀才，在一家私塾做教书先生，虽收入微薄，但为人正直、办事公道，颇受当地人敬重与爱戴。母亲贤惠能干，以养蚕为副业，贴补家用。

6岁起，金善宝便跟着父亲识字，熟读经书。他13岁那年，父亲背部生了疔疮，因医治不及时而去世。父亲临终时对他说：“我没能给你留下什么，只给你留下一句话，做人最重要的：一是要有气节，二是要有本事。”这句遗言深深地印在金善宝的心上。他一直将其作为座右铭，终身恪守。父亲病逝后，私塾停办。

夏日，山上桑荫碧染，金善宝常常帮助母亲采桑养蚕。每年寒暑假，懂事的金善宝几乎都会在家乡的桑园里给母亲帮忙。看着母亲操劳的身影以及鬓角增添的白发，他在心里暗暗立志：以后一定要学农，改变家庭的命运。从这一刻起，金善宝的心中便萌生了要改善中国农村贫困落后状况的想法。

1913年夏，金善宝考入浙江省立第五中学（今绍兴市第一中学）。几年后，毕业在即的金善宝从报纸上看到了南京高等师范学校（今南京师范大学）农业专修科的招生简章。

从小在农村长大，目睹了中国农村贫穷落后景象的金善宝，毫不犹豫地报考了南京高等师范学校的农业专修科，立志振兴中国农业和改变农村落后的面貌。

最终，他以优异的成绩被学校录取。

毕业时，学校农学部主任邹秉文亲自为这个平时话不多但无比用功的学生联系了工作，介绍金善宝到本校所属小学担任教员。然而，金善宝志不在此，他早已深深爱上了农业科学，于是婉言谢绝了恩师的美意。

不久，当时的“面粉大王”荣宗敬决定每年出资5000元资助南京高等师范农业专修科的建设，并在南京市筹建皇城小麦试验场。邹秉文得知消息后，立即举荐金善宝去试验场当技术员。

皇城小麦试验场面积不大，设备也极其简陋，只有一台美制五行播种机，几乎一切农活都要靠人力和畜力，工作繁重不说，经费也实在不多。但是，这样一个试验场的建立，在我国小麦研究史上，却是一座重要的里程碑。金善宝欣然接受了这个难得的举荐，从此开始了他的科研生涯。

在试验场里，金善宝坚持从事小麦、玉米和大豆的科学研究，短短几年时间，就选育出了“武进无芒”“姜堰黄皮”等优良小麦品种，这些品种深得农民朋友的欢迎。

1928年，金善宝到浙江大学劳农学院任教。任教两年后，金善宝考取了美国康奈尔大学农学院的公费研究生。他起初在康奈尔大学农学院学习植物生理学、遗传学课程，一年后转入明尼苏达大学农学院，学习土壤微生物学、细胞学等课程。

有一次，金善宝去参加聚餐活动，活动快结束时，有人公然喊道："把这些剩饭拿去给中国人吃吧！"金善宝闻言，气愤难抑，立刻还击："先生，中国太远了，还是拿到芝加哥公园去吧！那里有的是失业的流浪者。"挑衅者怏怏而去。

金善宝时刻铭记"民以食为天""农业是立国之本"的古训。他决心为这个"天"和"本"竭尽全力、救世济民。他明白，自己到美国留学的目的，是要学习并了解国外先进的农作物育种理论和方法，要掌握实际的操作技术，用自己的学识为发展祖国农业作贡献。

1932年，金善宝放弃留在美国就能获得的优渥待遇，毅然登上了返回祖国的航船。

赤子丹心，报效中华

归国后，无数个夜晚，金善宝都是在实验室中度过的，他一边从事小麦育种的研究工作，一边教学。

然而，当时的学校连基本的设备、仪器都不具备，哪怕有，设备也是陈旧简陋的，经费极少，工作繁重，工资待遇更是一般。但金善宝毫不在意。他最大的愿望就是解决中华儿女的温饱问题，他为此尽心竭力。

金善宝在麦田选种

这些苦又算得了什么呢？

金善宝和他的团队克服了种种工作和生活上的困难，到我国790多个县里搜集各地的小麦品种材料，选出了一批优良的地方小麦品种，这些品种对中国当时的农业生产起到了增产的作用。

为了改变我国在小麦研究、教学和生产领域文献资料缺乏的状况，金善宝根据当时中国小麦生产的现状，结合中国特色，总结了生产实践的经验，并广泛吸收了古今中外关于小麦栽培的知识，于1934年完成了我国第一本小麦专著《实用小麦论》。这是我国第一本将生产理论与生产实际相结合的农业书籍，为我国小麦的研究发展奠定了学术基础。这本著作与金善宝的《中国小麦分类之初步》和《中国小麦区域》等论文，成为我国小麦研究、教学和生产的重要文献，至今仍具有很大的参考价值。

1937年，在中央大学农科任教的金善宝随校西迁到重庆沙坪坝。当时的重庆沙坪坝拥有多所高校和全国八分之一的大学生以及众多学术科研机构，汇聚了一大批教育家、科学家、文学艺术家和工商业从业者。

当时，金善宝和梁希（中国杰出的林学家、教育家）就一起生活在山上一间简陋的校舍里，屋内仅有两张单人床和一张木桌。

当时，我国的小麦产区被敌人侵占了大半，人民需要粮食，前线也需要大量粮食支援。为了尽快搜集和培育出小麦良种，金善宝利用暑假前往各地农村走访调研。1939年夏天，他和助教一起，沿着嘉陵江北上，考察四川松潘一带的农业情况。途中，金善宝曾被敌人怀疑是共产党密探，遭到非法拘禁，但他毫不畏惧，不顾个人安危与敌人据理力争。这一年，金善宝走遍四川，完成了对四川全省小麦品种的系统搜集和整理工作。

在极其困难的情况下，金善宝仍顽强地坚持教学和科研工作。那时，日军飞机经常来重庆轰炸，空袭警报时不时拉响。金善宝认为，每次警报一响就要躲避空袭，过于浪费时间。他干脆不躲了，利用这段时间在家里做一些工作，等紧急警报响起后再前去防空洞，久而久之，这便成了他的一种习惯。一次，直到日军的飞机已经盘旋在他家上空了，金善宝才依依不舍地放下手头的工作，动身前往防空洞。后来，大家才知道，他的作物学讲稿和两篇重要论文竟然都是在这段极其危险的时期写成的。

金善宝还曾两次到八路军驻重庆办事处，找到林伯渠，要求前往延安。林伯渠为他做好了一切安排，只因后来他突发意外而未能成行。

得知延安正在开展大生产运动时，金善宝认为农业科学为延安作贡献的时候终于到了。他当即筛选出最好的小麦种子，包装好并送到新华日报社，请求转交延安。半个月后，邓颖超告诉金善宝："延安收到了你送去的种子，同志们感谢您。"

1946年3月，金善宝随校迁回南京，继续在校任教。

在1978年召开的全国科学大会上，金善宝因其科学成就受到表彰。他在会上满怀激情地说："在实现四个现代化的长征路上，我要把82岁当作28岁来过，把自己的余年贡献给中国的小麦科学事业。"

金善宝在进行学术研究

金善宝在观察小麦形态

精神闪耀

“育种为民食，科研百岁春。”这或许是对金善宝一生最好的写照。

金善宝是我国现代小麦科学研究的先驱。他一生致力于小麦科学研究，以战略性的眼光、扎实的农业科技研究理论与实践经验稳步推进小麦培育工作。从选育“南大2419”“京红”1-9号等优良品种，到率先开展中国小麦的分类和品种资源的科学研究，并发现“云南小麦”，再到通过革新技术实现“南繁北育，一年三代”，金善宝始终走在中国农业科研的前列。作为领路人和开拓者，他打通了中国小麦培育的科研气脉。

他为中国农业战线培养出几代优秀人才。他辛勤耕耘一生，桃李满天下，他的诸多学生成了中国农业教育、科研和生产战线上的中坚力量，如八倍体小黑麦创始人鲍文奎、作物遗传育种学家吴兆苏、兽医专家蒋次升、水稻专家杨守仁、茶学家庄晚芳等。

金善宝一心为民、爱国爱党的赤子情怀，坚持真理、勤奋求实的科学精神，耿介廉正、刚直不阿的高尚品德，鼓舞了几代农业工作者。他穷尽一生，在中国农业史上树立了一座丰碑。

院士小传

金善宝（1895—1997），浙江诸暨人。农业科学家、教育家，中国现代小麦科学的主要奠基人，中国科学院学部委员（院士）。

金善宝曾任南京农学院（今南京农业大学）院长，华东军政委员会农林部副部长，南京市副市长等职。

金善宝选育出“矮粒多”“南大2419”等优良小麦品种，并在长江中下游地区推广，获得高产。他还主持选育出“京红”1—9号等优质高产的小麦品种。

金善宝研究鉴定了来自中国各地的5544份小麦品种，发现了多种小麦新种，对世界小麦的起源、进化、分布、分类和区划研究作出了重要贡献。

金善宝培养了几代农业教育、科研和生产管理类人才。他主编的《中国小麦品种及其系谱》《中国小麦品种志》和《中国小麦栽培学》等专著，集中反映了中国小麦科学的发展成果。

周炯槃

中国信息论研究的主要奠基人

数学本是一门很抽象的学科，但它深深地吸引了我，而且还感到它无处不在。不论在生活中还是在科学技术中，它都是精确描述和认识事物的工具。

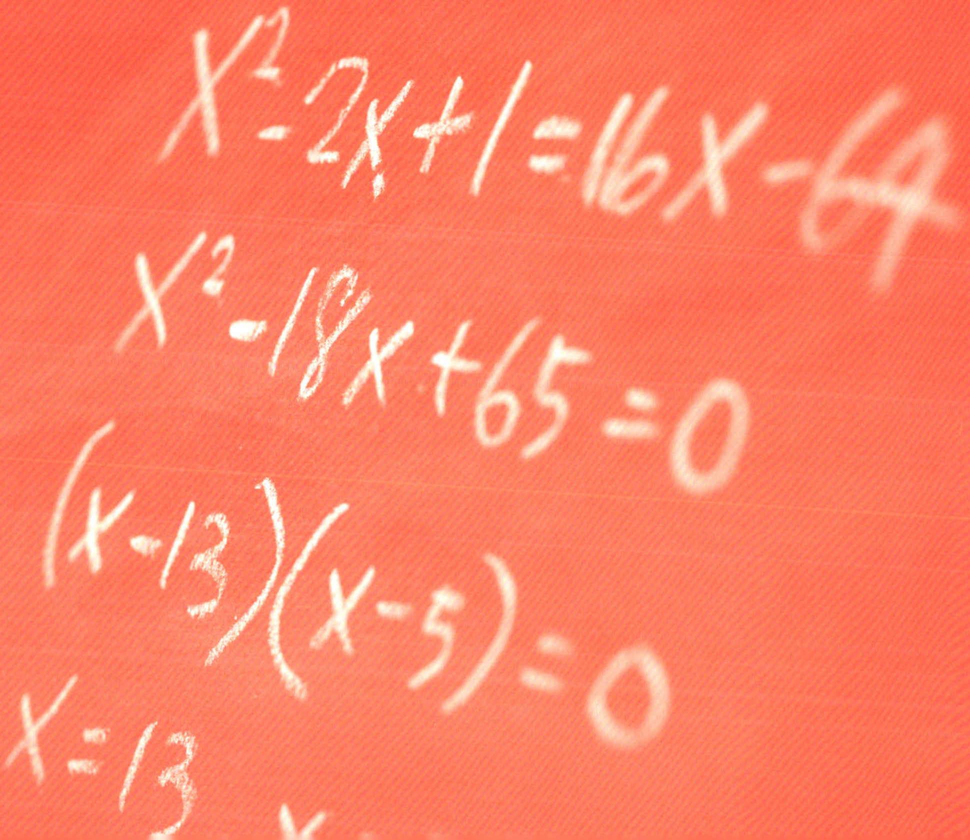

1949年，在美国留学的周炯槃听闻中华人民共和国即将成立，毅然放弃攻读博士学位的机会，回到祖国。

在长达60余年的高等教育和科学研究生涯中，他为中国的信息通信事业做了大量的开拓性工作，创造了许多个“第一”：参与了我国第一个邮电高等学府——北京邮电学院（今北京邮电大学）的筹建工作，是学院创办人之一；率领团队自力更生，研制出我国第一套电视发射机和接收机，创建了我国第一座实验电视台——北邮教学电视台；后又领导研制了飞点扫描彩色电视实验系统，填补了行业空白……

“考第一名”的班长

1921年1月5日，周炯槃出生于浙江上虞。不到两个月，父亲就染病去世，从此他与母亲相依为命。

在那时，孤儿寡母的处境是相当艰难的。母亲金爱年母兼父职，任劳任怨，持家教子。周炯槃在慈母的关怀下成长，里里外外都由母亲一手操持，她只要求儿子努力读书，成名成家，光宗耀祖。周炯槃因此形成了内向而不善言辞的个性，且有强烈的求知欲和好胜心。

1939年，周炯槃以第一名的成绩顺利考入交通大学电机工程系。根据当时学校的传统，入学考试第一名会被指定为班长，周炯槃就这样

青年时期的周炯槃

被推选当上了班长。每当有事要向同学们传达时，周炯槃常讷讷很久说不出话来，弄得他面红耳赤。从此，他就自知只能与机器打交道而不能与人打交道，所以尽量避开行政职务，从事科学技术工作。

但事与愿违，当时在上海求职很困难，大学毕业后的周炯槃几经周折进入了一家私营的新安电机厂。大概是周炯槃所设计的电机得到了经理的欣赏，不久就计划让他当厂长。他再三推辞，还是当了生产部主任。之后的日子就“不好过”了，周炯槃常常被动卷入人事纠纷中，这就更坚定了他以前的结论——“只和机器打交道”。

1948年，他安顿好妻儿，远涉重洋来到美国哈佛大学应用科学系攻读硕士学位。他目睹了外国人歧视中国人的种种情景，深受刺激，意识到个人尊严要由祖国的强盛来支撑。周炯槃当时除了学习还是学习。

1949年，当新中国成立的消息传来时，周炯槃在校园里再也待不下去了，好在他已经将课程在一年内提前“啃”完了。

按照原来的计划，周炯槃应当在美国继续攻读博士学位。但在强烈的爱国之心的驱使下，周炯槃背起行囊，义无反顾地踏上了回国的路，回到了他魂牵梦绕的祖国。

周炯槃先回到上海新安电机厂工作。之后，他被派往天津新安电机厂任总工程师，同时到北洋大学（今天津大学）兼职讲授电机课。同年6月，他升任天津新安电机厂厂长。

育人为先

周炯槃辞去了高薪的厂长职务，把股份也转赠给了他人，谢绝了多方挽留，义无反顾地去到北洋大学专职任教。1955年，他根据国务院关于筹建北京邮电学院的指示，前往北京参与创建北京邮电学院，并挑起了无线电系副主任的重担。

在北京邮电学院成立初期，由于师资力量薄弱，周炯槃和很多教授一样，成了校园里的一颗“螺丝钉”，哪里需要就“钉”哪里，因此他教过许多课程。作为无线电系副主任，他身先士卒，加班加点编写讲义，先后开设了十几门专业课程。

有意思的是，他在无线电视广播专业任教的时候，曾在院里建设了我国第一个电视台，这个电视台可是比现在的中央电视台的前身——北京电视台还要早。这个供学生实习用的电视台，虽然主要设备并不先进，也不实用，却向国人证明，当时的中国已经拥有了自己的电视台，而且，正是这个小小的电视台，为祖国培养了一批这方面的专业人才。

“麻雀虽小，五脏俱全”，正是有了这个“土”电视台的存在，学生们才能在有机会真正“做电视”的时候，做到“手不生，眼不乱，心不慌”。

20世纪60年代，根据我国通信事业发展对高素质人才的新要求，他带领无线电系的教师团队，在北京邮电学院率先创办了具有浓厚理科基础的“无线电物理”本科专业和富有理工融通特色的“信息论”研究生学科，为国家培养了大批高水平通信建设人才。

20世纪80年代，他预测到我国国民经济和社会信息化的潜在需要，又一次带领教师团队走在国家教育规划的前沿，率先在北京邮电学院创办了“信息工程”本科专业。随后，这一专业在全国高校普遍设立，为我国大规模信息化建设及时地提供了专业人才。

为了满足我国高校信息化人才培养的普遍需要，周炯槃还系统总结了自己30多年潜心研究信息论的丰硕成果，出版了专著《信息理论基础》，该书对我国信息领域人才培养发挥了重要作用，并荣获全国优秀教材特等奖。

20世纪90年代，根据我国通信网建设与发展的实际需要，周炯槃把研究方向调整到通信网理论领域。

进入21世纪，根据我国高等学校通信专业教学的普遍需求，他带领一支中青年教师团队，在总结多年教学经验的基础上，编写出版了通用的专业基础教材《通信原理》，该教材受到各高校相关专业师生的欢迎。

周炯槃（左一）出席北京邮电大学信息工程学院成立大会

周炯槃（前排左二）与彩色电视研制人员合影

精神闪耀

周炯槃一生高风亮节，为振兴中国信息通信事业，为加速中国信息化建设的进程，为培养信息通信领域高水平的建设人才，殚精竭虑，呕心沥血。

周炯槃一生十分注重理论与实践的有机结合、科研与教学的互相促进，力求从科学研究的成果中提炼教材。即使两鬓斑白，他依旧勤勉地工作在教学和科研的第一线。

他坚持亲自为学生授课，亲自审阅学生的博士论文，指导学生的科学研究；同时作为课题负责人，他高质量地完成了包括国家自然科学基金重大项目“高速信息网中关键基础问题”在内的多个项目；他还坚持参加国际学术交流，担任国际会议主席并做大会主题演讲。

周炯槃凭借他的干劲和勇往直前的闯劲，在荆棘丛生的科学荒野上，为后人开辟了一条平坦的道路。病重期间，周炯槃还不忘留下遗嘱，将自己的全部存款捐献出来作为学校的教育基金。他说：“写书是为了培养学生，不是为了个人名利，把奖金用于培养学生是我的心愿，绝不能在奖学金的名称上冠以个人的名字。”

他的一生，展现了无私奉献、至诚报国的崇高精神。他用自己的实际行动在所有教育工作者心中树立了一座丰碑。

院士小传

周炯槃（1921—2011），浙江上虞人。通信技术专家，中国信息论研究的奠基人，通信理论、通信网络理论的带头人，中国工程院院士。

1958年，周炯槃创建了我国第一座实验电视台——北邮教学电视台，后又领导研制了飞点扫描彩色电视实验系统，填补了行业空白。

20世纪60年代，周炯槃首次把卷积码用于无线数字通信信道的纠错和检错，在国家科研项目“6401”的实验样机中取得成功。

20世纪70年代，周炯槃将伪随机码理论用于抗衰落技术，指导完成了对流层散射数据传输通信设备的研制。

20世纪80年代，周炯槃指导研制了报纸传真压缩传输设备，领导建立了我国的数字化卫星报纸传真网。

周炯槃的专著《信息理论基础》获全国优秀教材特等奖。

赵忠尧

中国核物理事业的先驱者

六十多年来，我一直在为祖国兢兢业业地工作，说老实话，做老实事，没有谋取私利，没有虚度光阴。

1937年，长沙临时大学的校门前，突然出现一个浑身脏兮兮的“乞丐”，只见他紧紧抱着一个咸菜坛子不松手，还时不时地环顾四周，神态异常紧张。

这个时候，一个门卫走了过来，试图驱赶“乞丐”，他不知道的是，这个咸菜坛子里面竟然装着的是能改变我国命运的东西。

心有大我

1902年6月27日，赵忠尧出生于浙江诸暨。

赵忠尧的父亲早年自学医道，后行医为民，是一位医术高超、济世救民的好医生。父母老年得子，对赵忠尧宠爱有加。

赵忠尧从小体弱多病，每次上完体育课后，晚上就会发烧。因此，他的父母不再让他上体育课，这样一来，他的体育成绩总是零分。到了中学，父母也从不让他参加爬山、游泳等活动。

赵忠尧虽然幼时体弱多病，却勤奋好学。他们家的邻居是一位老太太，她经常早起出门去山上捡柴火，而比她起得还早的就是赵忠尧。老太太总能在天井里听到传来的琅琅读书声。她说：“赵家的儿子将来必有大出息。”

赵忠尧的父亲为人耿直，对当时国家积贫积弱的局面痛心疾首、对社会贫富不均的现象义愤填膺，但限于自身文化水平，只能把希望寄托在子女身上。赵忠尧一辈子谨记父亲的教诲，在人生的每一个关口都义无反顾地将国家和人民的需要放在首位。

少年时代的赵忠尧(中)

赵忠尧15岁时进入诸暨县立中学（今诸暨中学）读书。18岁时，他进入南京高等师范学校化学系学习。虽然读的是化学系，但在求学过程中，赵忠尧却对数学、物理表现出浓厚的兴趣。1924年，赵忠尧提前半年修完了学分。因父亲逝世，家境困难，他决定先就业，同时争取进修机会，于是担任了东南大学物理系的助教。

就在这时，赵忠尧遇到了一个改变了他一生的人，这个人就是中国近代物理学奠基人之一的叶企孙。1925年，叶企孙受邀前往清华学堂筹办大学本科事宜，赵忠尧也一同前往。第二年，清华大学物理系成立，叶企孙担任物理系主任，而赵忠尧也留在了清华大学担任物理学助教。

在清华大学工作时，赵忠尧深刻体会到当时的中国与西方之间横亘着一条巨大的鸿沟，并且这条鸿沟还在不断拉大。赵忠尧深知落后就要挨打，这让他万分焦急，他急于找寻一个突破口去改变现状。

与诺贝尔奖擦肩而过

1927年，他翘首以盼的突破口出现了。当时，清华大学的教师每6年有一次公费出国进修的机会。可是赵忠尧等不及公费名额的公布，直接决定自费去美国留学。因为手头经费不足，他只能向老师、朋友借钱，之后又申请了清华大学国外生活的半公费补助金，就这样他远渡重洋，开始留学生活。这一次出国留学，他的目的很明确——攻读美国加州理工学院的博士学位。1927年，25岁的赵忠尧到加州理工学院学习，正式成为诺贝尔物理学奖获得者——密立根教授的学生。

赵忠尧孜孜不倦，从不松懈。在美国，为了证明中国人不比外国人差，赵忠尧一直拼命读书。特别是在得到博士生的研究课题后，他就把自己“卖”给了实验室。

因为赵忠尧是带着科技救国的目标来深造的，他想要学到先进的技术，然后回到祖国改变国内当时落后的现状。而导师给的课题过于简单，虽然能够让他轻松拿下学位，但是缺少含金量。于是，赵忠尧直接要求密立根教授给自己换一个课题。要知道，这一举动完全是在挑战导师的权威，密立根教授对于这个不知天高地厚的中国留学生很是恼火。最后，经过一番“讨价还价”，密立根教授还是给赵忠尧换了一个新的课题——“硬γ射线吸收系数的测量”。

不过，无论是密立根教授还是赵忠尧本人，都没想到这个课题让他们打开了物理学的一扇新大门。

赵忠尧的博士论文讲述了“正负电子湮没效应”和“硬γ射线的散射”的研究，他是世界上第一个观测到正反物质湮灭现象的人，密立根教授为他竖起了大拇指。赵忠尧把老师的称赞记在心头，对老师说：“这个结果是在老师您的传帮带下才出现的，所以从我个人来说这不能算是功劳！”

两年多以后，赵忠尧的同学安德逊在赵忠尧研究的基础上观测到了正电子的踪迹，安德逊凭着这一点获得了诺贝尔奖。对于世界物理学界来说，那是一次并不公平的授奖；对于诺贝尔奖的历史来说，那是错失的遗憾。可赵忠尧自己却不太在意。

若干年后，科学界重新审视了1929—1931年正电子产生和湮灭现象的发现过程，在三个验证实验中，只有赵忠尧的实验是正确的，而且精度最高，他才应当被称为正电子产生和湮灭现象的发现者。安德逊从赵忠尧的发现中得到了启发，发现了正电子。安德逊曾在20世纪80年代写文章承认了这一事实。

冒死护“镭”

1931年，赵忠尧赴英留学，在剑桥大学跟着著名物理学家卢瑟福做研究。

赵忠尧得知中国发生了九一八事变后，心中十分焦虑，决心尽快回国，“尽一切可能探索为国效劳的道路”。归国前夕，卢瑟福特意将50毫克的放射性实验镭赠送给他。赵忠尧很感谢卢瑟福，一路上小心翼翼地揣着这些镭，辗转回到中国。

在大学当教授的那几年，赵忠尧开设了中国第一门核物理课程，同时还创办了中国第一个核物理实验室。在极为简陋的条件下，他带领学生进行了一系列研究工作，培养出钱三强、何泽慧、王大珩等中国物理学界的栋梁。

1937年，七七事变爆发，赵忠尧想到存放在实验室里的50毫克镭，万一落入日本人手中，后果将不堪设想。赵忠尧联系好友梁思成一同前往清华大学，他们冒着生命危险将50毫克镭取了出来。之后，他孤身南下。

那个时候，日军的炮火和空袭，加之土匪横行霸道，令整个中国民不聊生。清华园沦陷的消息传来后，赵忠尧更加惊慌，生怕自己被日本人抓住后，随身携带的镭也会被抢走。为了安全护送这50毫克镭，赵忠尧只能乔装打扮成乞丐，并且找了一个不起眼的咸菜坛子，将镭藏在坛子中。跟着难民，赵忠尧千里跋涉，困了不敢睡，饿了就随便对付两口，手像是黏在咸菜坛子上似的，将其牢牢地抱在自己的胸口。看到这个怪异的举动，有难民疑惑地问道：“你这里面装的是什么宝贝？”赵忠尧说：“是我父亲的骨灰。”以此来打消他人的疑虑。

一个多月后，衣衫褴褛的他来到了长沙临时大学的大门口，被门卫误以为是乞丐，差点被赶走。

当清华大学校长梅贻琦看到赵忠尧这位曾经风度翩翩的教授变得邋里邋遢时，不禁泪如雨下。梅贻琦无法想象这一路赵忠尧到底吃了多少苦，竟然从一位大学教授变成了一个乞丐。

赵忠尧被梅贻琦带到办公室后，长长地舒了一口气，将牢牢抱了一路的咸菜坛子放在办公桌上。梅贻琦这才发现，这个咸菜坛子里装的是当时中国高能物理学的主要家当、中国核科学的珍贵基因。

赵忠尧冒死带出来的镭没有被浪费，它后来被国立西南联合大学物理系的师生充分利用，在极其简陋的条件下，做了中子放射性元素实验。

可是只有这些实验基础还不够，核研究离不开各种精密的仪器。特别是当美国成功研制出原子弹，并在第二次世界大战中使用后，各国核物理学家都希望本国的第一颗原子弹能在自己手里诞生。

至诚报国

1938—1945年，赵忠尧一直在国立西南联合大学执教物理，后来获得诺贝尔物理学奖的杨振宁也曾师从赵忠尧。杨振宁对自己在国立西南联合大学求学生涯的总结是“我在昆明学到的物理已经达到了当时世界最高的

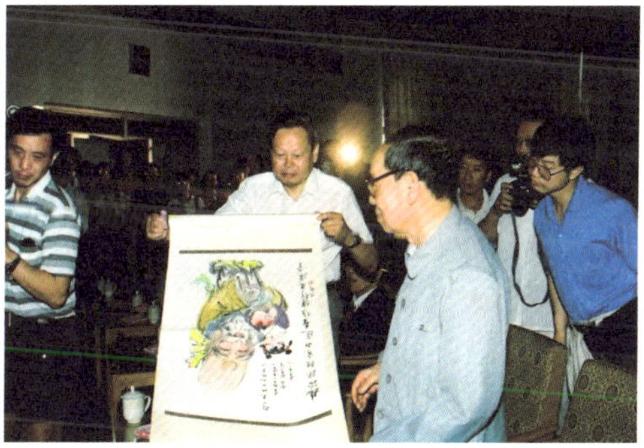

1992年，杨振宁祝贺老师赵忠尧（前一）90华诞

水平”，这是对赵忠尧最高的评价。

1946年，赵忠尧作为中国代表到现场观摩了美国在太平洋上试爆原子弹。赵忠尧看到原子弹爆炸，再一次感受到中西方之间的差距，什么时候中国也可以升起这样一片蘑菇云。为此，赵忠尧决定继续留美深造。赵忠尧深知若是想要让中华民族崛起，那么就必须制造原子弹，而原子弹的核心设备就是加速器。他把有限的经费和生活补贴，都用来购买静电加速器部件、核物理实验器材，随时准备运回祖国。1950年8月，赵忠尧几经周折，带着30多箱有关静电加速器的组装器材登上了回国的客轮。设备成功运回国内，但是赵忠尧本人却被驻军无理扣留。后来，驻军迫于正义的力量将其无条件释放，赵忠尧在被无理扣留47天后获得自由。

1950年11月，赵忠尧终于重新踏上了祖国的土地。回国后的赵忠尧没有片刻停歇，迫不及待地将自己在美国的研究内容分享给国内的团队，全身心投入中国的核试验研究中。

1957年，赵忠尧（中）在苏联进行科学考察

之后，赵忠尧利用从美国运回的加速器零件，建成了中国第一台70万电子伏的质子静电加速器。1958年，他又研制成功250万电子伏的质子静电加速器，这台加速器持续“服役”到2000年左右。这两台加速器的建成，为中国核工业的发展奠定了坚实的基础。

精神闪耀

赵忠尧把毕生精力奉献给了科学和教育事业，悉心培养了我国几代科技人才，正如诺贝尔物理学奖获得者李政道所言：“凡是从20世纪30年代到20世纪末在国内成长的物理学家，都是经过赵老师的培养，受过赵老师的教育和启发的。赵忠尧为发展我国核物理和高能物理研究事业，为培养我国原子能事业、核物理和高能物理的实验研究人才作出了重大贡献。”不仅诺贝尔物理学奖获得者李政道与杨振宁都曾受教于赵忠尧，而且在“两弹一星”的功臣中，有八位是他的学生。

有人把中国原子弹的成功爆炸与赵忠尧的原子核研究相联系，称他为“‘蘑菇云’的打造者”。更有人称赞他：“他在中国物理学史上是一座丰碑，在世界物理学史上也是一颗明星！”

纵观赵忠尧的一生，他没有自己的学生那样有名，却实实在在为中国核武器的研发作出了巨大贡献。

正因为他深爱祖国，所以毅然放弃了在美国的工作机会，而在归国途中受尽磨难，即使是在最困难的时期仍旧怀有最执着的信念；正因为他忠于科学，所以一生坚持实事求是的原则。他从不把工作建立在热情的幻想上，而是力求一点一滴的实际进步，进实验室和看文献是他一辈子朴素的乐趣。他在回忆录中写道：“回想自己一生，经历过许多坎坷，唯一希望的就是祖国繁荣昌盛，科学发达。我们已经尽了自己的力量。”这一刻，“国之栋梁”在他的身上具象化了。

院士小传

赵忠尧（1902—1998），浙江诸暨人。核物理学家，中国科学院学部委员（院士）。

赵忠尧先后任清华大学、云南大学、西南联合大学教授。1946年后，他赴美国进行核物理和宇宙线方面的研究。1948年，他被选聘为中央研究院院士。1950年回国后，他历任中国科学院高能物理研究所研究员、副所长，原子能研究所副所长，中国科学技术大学教授、物理系主任。他也是中国核学会名誉理事长。

赵忠尧主要从事核物理，特别是硬γ射线与物质相互作用等方面的研究并取得突出成就，是中国核物理研究的开拓者。1929年，他与欧洲学者同时观察到γ射线通过重物质时除康普顿散射和光电效应外的“反常吸收”，并首先发现“特殊辐射”，被国际同行公认为发现正电子的先驱。他为中国核物理科学事业的发展和人才培养作出了重要贡献。

徐更光

中国爆炸理论与炸药应用技术专家

工作给每人以机会，然而，成果只属于那些勤奋、诚实，为工作做出创造性劳动的人。

"……是的，科学攀登的道路迢迢/一程接着一程，前方依然/耸立着连绵起伏的崇山峻岭/科学探索的航船，飞流直下/远方，还蜿蜒着无数峡谷险滩/既然，历史选择了我们/注定要成为，科学攻关的战士/任凭关山万重，风云变幻/又岂能阻挡，我们的队伍勇往直前……"回首过往人生，徐更光只说了两个字——"踏实"。

简单而坚定，对于这位为了国家和平和人民安危奔波了一生的老人来说，这是他最好的生命注脚。

年少追梦，锋芒初现

自公元195年建县算起，素有"婺之望县""歌山画水"之美誉的浙江东阳迄今已有1800多年的历史。

1932年11月18日，徐更光诞生于东阳市吴宁镇一户普通职员家庭。

东阳的钟灵毓秀孕育了徐更光，让他成长为一名多才多艺的翩翩少年。篮球、跳水都是他的强项。他还痴迷于画画，甚至上课时也忍不住提笔为讲台上的老师画肖像，结果被传到班主任手中。当徐更光忐忑不安地站在班主任面前时，等来的却不是想象中的疾风骤雨，班主任竟然称赞他画得不错，并鼓励他积极参加学校的展览，后来还推荐徐更光报考美院。

由于家庭条件等种种原因，徐更光并没有走上美术之路，但是班主任对他的肯定，却在他心里刻下了深深的烙印。他发誓，长大后也要像当年的班主任那样，保护学生的小小梦想。

进入高中后，徐更光更是发挥所长，积极参加学校组织的各项活动，出刊物、画宣传画、参与校徽设计、宣传当时的先进思想，他还参加了业余小乐队，拉二胡、吹笛子，非常活跃。

或许是目睹了战争中太多人民的悲惨境遇，中学时代的徐更光萌生了强烈的从军报国的愿望。

1951年，成绩优异的徐更光被东北兵工专门学校与南京工学院同时录取。

因立志参军，他选择前往东北兵工专门学校学习化工专业。当徐更光入学时，因为政策调整，东北兵工专门学校的学生不再享有军籍，但徐更光依旧坚持自己的选择，并且他的这个选择让日后的中国炸药领域有了一位学术泰斗。

1953年，东北兵工专门学校并入北京工业学院（今北京理工大学），徐更光也成了北京工业学院化工系火工品及装药专业的学生。在北京工业学院求学期间，徐更光担任班长。1956年，成绩优异的徐更光留校任教，主要从事炸药与应用技术的教学和科研工作。在实践过程中，徐更光坚持学习和探索，自学炸药配方和爆炸等方面的知识。这些都为他后来的科研工作奠定了基础。就这样，徐更光正式开始了他的国防军工科研之路。

军工大师，光芒毕露

1958年，学校准备筹建西山化学试剂厂。在学校的安排下，徐更光出任西山化学试剂厂厂长。

为了工业化批量生产间苯三酚这种珍贵的药剂，徐更光花了大量时间研究生产过程。他查阅了大量资料，不怕累、不怕苦，攻克了一个个难关，最终用铁还原的办法成功生产出了新的间苯三酚样品。在与进口的间苯三酚进行对比试验后，新的间苯三酚在各项指标上都不差，并且成本低廉，完全可以替代进口产品。徐更光的这一成果成为当时北京工业学院在科研生产方面最具代表性的成果之一。

1961年，徐更光重回学校任教，在导师丁儆的指导下，他坚定了自己奉献祖国、投身国防军工的决心。

作为学校爆炸学科的创始人，丁儆曾不止一次地批评过徐更光，但他明白导师批评的背后是坚定的支持。徐更光也不负恩师的期望，废寝忘食地投身配方设计、炸药合成的工作。

终于，徐更光成功研制出“8701”高能炸药。它被誉为我国高能炸药的常青树，被装备在我国多种型号的武器上。在外人看来，这是他在炸药研发领域最令人传颂的成就。

然而对徐更光自己来说，令他津津乐道的却是另一项充满传奇色彩的成果。

1962年，徐更光参加了“032工程”科研组，这也是他首次参加国防重大科研项目，主要任务是研制新型高能炸药，以满足核武器研制的需要。

在丁儆的指导下，徐更光投身炸药配方的研究工作。为了得到更好的配方，他连睡觉都在实验室里，认真思考和钻研难点，反复进行试验。经过长达三年的艰苦努力，徐更光领导的团队研制出了全新的炸药配方——高能塑性炸药（HBJ和HJJ），并且创新选用了“玻坲胶”添加剂，解决了一系列难题。

然而，这一研究成果最初并没有被核武器研制工程采纳。刚开始，工程采用另一家单位研制的高能炸药，可是在使用过程中，该高能炸药药柱总出现裂纹，成型性不好。最后，核武器研制工程使用了徐更光团队研发的用玻坲胶作为添加剂的高能塑性炸药，解决了难题，顺利保障了我国新一代核武器的成功研制。

不过，由于核武器研制的高度保密性，徐更光自己得知这一消息时已是30多年后。当听到这一消息的时候，他非常吃惊，没有半点委屈，反而十分高兴：“要是早采用了HBJ和HJJ效果会更好。但不管怎么说，我的东西国家还是用上了，我很高兴，真的很高兴。”

1976年，徐更光在江西九江的9333厂发现工人们从车间出来的时候都成了“铝人”，毛孔里都是铝粉。工厂生产含铝炸药时，采用苏联的炸药干混工艺，生产过程中车间被严重污染。

徐更光立即着手改进配方。他在“8701”高能炸药中加入了铝粉，溶合成新型含铝炸药——“8702”新型含铝炸药诞生了。这开创了我国第一代高威力含铝炸药的先河。更重要的是，车间里弥漫的铝粉扬尘不见了，工人们免受粉尘污染之苦。

TNT炸药是我国炸药生产中产量最多的，也是污染最重、给工人身体健康带来损害最大的炸药之一。徐更光从1976年开始着手研究解决TNT生产及装药工艺的问题，没有人安排他完成这项任务，他自愿地默默进行着研究。他用了十多年的时间，彻底解决了TNT生产及装药工艺的问题。在几乎不增加成本的情况下，大量减少了工业废水的产生，大大降低了有毒蒸汽和粉尘的浓度。这些改进世人知之甚少，但对TNT的生产来讲，这就是一场革命。兵工厂的工人更是称赞徐更光是“工人阶级自己的科学家”！

徐更光进行的很多研究都是军队、工厂最需要的，而且很多都是没有立项，也没有报酬的项目。国家需要，就是他科研的动力。

石油射孔弹、602特种混合炸药、M1-1型工程起爆药柱……1991年，为了表彰徐更光在军工行业的特殊贡献，中国兵器工业总公司授予徐更光“兵器工业功勋奖”的荣誉称号。

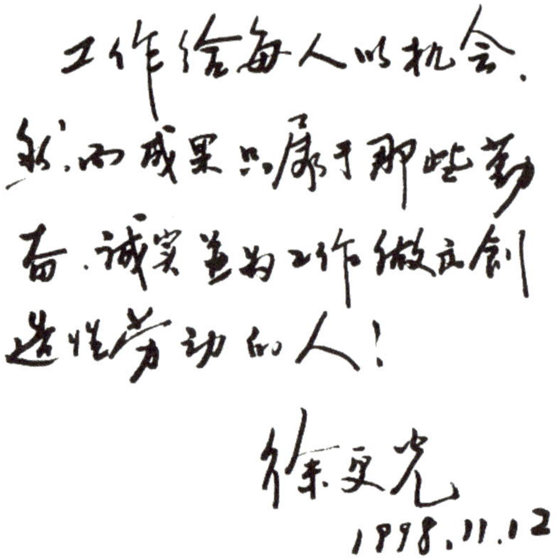

徐更光手迹

精神闪耀

1978年7月1日，徐更光在入党申请书中深情地写道："在中国共产党成立57周年这一光辉的日子里，我以极其激动的心情，郑重地向党组织再一次提出入党申请……今天自己取得的每一点进步，无不是长期以来党对我培养教育的结果。这使自己深深地感到只有不断地努力，继续沿着党指引的方向前进才是唯一正确的道路！"

在科研领域取得了巨大成功的徐更光，在培养人才方面也是一位严师。1989年，徐更光临危受命，担任了北京理工大学八系的系主任。在以经济建设为中心的改革开放之初，八系作为典型的军工院系，面临的是招生难、分配难、人才培养青黄不接的局面。徐更光对专业结构进行调整，丰富教育方式，加大招生的宣传力度，为贫困学生提供补助……这些工作都为军工专业的发展奠定了基础。

在徐更光从教的五十多年里，他培养了众多优秀学子。他言传身教、以身作则，无论是科研、教学，抑或是各种报告、讲话，总是用正能量引导着学生，用自己的亲身经历教育着学生。

徐更光将自己的一生都奉献给了祖国的国防科技事业。斯人已逝，但他热爱祖国、敬业奉献、追求真理、治学严谨的精神和品质将永远流传，激励着一代又一代的学子传承与发扬。

院士小传

徐更光（1932—2015），浙江东阳人。爆炸理论与炸药应用技术专家，中国工程院院士。

徐更光曾任国务院学位委员会学科评议组成员、兵器科学与技术学科召集人、中国兵工学会理事等。他长期从事安全炸药及应用技术的教学与科学研究，先后研制成功各类混合炸药十余种，获得了全国科学大会奖，多项国家级科技进步一、二、三等奖。

1973年，“8701”高能炸药问世。“8701”高能炸药是我国现代炸药研制历史上的一棵常青树。后来由徐更光主持研制的“海萨尔”炸药是一项在军事、技术、经济上综合效益很高的重大科技成果。

徐更光获得过“兵器工业功勋奖”“全国教育系统劳动模范”“全国模范教师”等荣誉称号。

陶诗言

中国气象学的一代宗师

发射场上空不能有云，这个云很难预报。我到部队里去作气象保障，就是保障导弹附近不能有云，要用肉眼目测它的姿态……

1954年7月，长江流域发生了百年难遇的特大洪水。到了8月下旬，水位竟然高达29.73米，超出历史最高纪录1.45米，并且居高不下。究竟要不要分洪呢？这个问题成了一时难以决断的事情。因为如果分洪，数不清的国家财产将被淹没；如果不分洪，一旦决堤，后果更加不堪设想。

在这千钧一发之际，陶诗言果断预言“暴雨即将终止”。8月18日，长江水位果然开始下降。

中国自己培养的大气科学的第一批本科生

少年时的陶诗言十分热爱体育，运动场上常常出现他的身影。在学校里，他是一名出色的足球运动员。

1938年，陶诗言考入中央大学的水利系，学术氛围浓厚的中央大学是当时国内最好的大学之一。入校一年后，陶诗言因对有关天气变化的研究产生了极大的兴趣，便申请转入地理系气象专业。

当时在世界范围内，挪威气象学派正在蓬勃兴起，芝加哥气象学派也在孕育中，但气象学在中国还非常冷门，是个新生的学科。那时，气象专业一个班只有四个人——顾震潮、陶诗言、黄士松、陈其恭，他们后来都成了中国自己培养的大气科学的第一批本科生，对近代中国大气科学的发展作出了不可磨灭的贡献。

青年时代的陶诗言

1944年，时任中央研究院气象研究所代所长的赵九章向涂长望教授要人才。涂长望教授十分欣赏具有刻苦钻研精神的陶诗言，于是把陶诗言推荐给了赵九章。涂长望教授对赵九章说：“陶诗言这个年轻人，才干非凡，很有希望！”陶诗言由此进入研究所工作。在那里，他遇到了竺可桢，并在竺可桢和赵九章等一流科学家的指导下进行科学研究。

当时，陶诗言的几位本科同班同学都去了国外留学，比如，陈其恭、黄士松去了美国，顾震潮在国内读完研究生后也去了瑞典。

大学毕业那年，陶诗言本来也有机会去国外深造，可是考试那天，他因病吐了血，便没能去参加考试，就失去了出国的机会。多年后，陶诗言回顾过去，并没有对无法出国留学而感到遗憾。陶诗言说：“当年没有去美国留学，对我一生的影响并不大，对我影响大的是国家给了我一次又一次的机会。”

陶诗言一生都站在中国气象预报事业的最前沿，他一直默默耕耘，在长期的实践中，逐渐成为中国气象学的一代宗师。

一个成功的预报员，要不断地总结经验

1949年，中华人民共和国成立，百废待举、百业待兴，亟须各类气象服务。抗美援朝战争爆发后，部队对气象服务的要求更加迫切。这种形势下，中国科学院地球物理研究所（今中国科学院地质与地球物理研究所）与中央军委气象局（今中国气象局）合办的“联合天气分析预报中心”（以下简称“联心”）于1950年12月正式成立。顾震潮与陶诗言分别被任命为“联心”的主任和副主任。

由于当时国内的气象基础薄弱，资料匮乏，我国天气预报工作的准确率还很低。陶诗言意识到，虽然自己一直在研读国外最前沿的理论，但中国的天气还是有自己的特点的，不能完全照搬国外的预报方法，必须开拓创新，走中国自己的道路。

陶诗言与顾震潮不仅为“联心”建立了完整的规章制度，还充当起天气预报员。他们每天往返于通信室、预报室和会商室之间。虽然工作量很大，但他们乐在其中。在他们的努力下，当时的中国不仅预报天气的水平一天天地提高了，还逐步建立了适合我国实际的天气预报方法。

陶诗言曾把“预报天气”比喻为“医生看病”：“医院的诊断设备很多，像B超、CT，但最后做判断的是医生。天气预报也是如此，数值结果出来后，最终要靠预报员根据其自身的经验给出结论。因此，一个成功的预报员，要不断地总结经验，不断学习新的预报思路。”

1954年7月，百年不遇的特大洪水让武汉岌岌可危。8月，水位上升到29.73米。如果水位继续升高，就只能采取荆江分洪的办法以保护工业重镇武汉，但这将会使大片农田和国家财产遭受重大损失。但如果不分洪，很可能会造成长江决堤，后果将不堪设想。

此时，天气预报无疑变得至关重要，预报员也必然要承担重大的责任。当时谁也不敢贸然做出预报。关键时刻，陶诗言果断地说："洪水即将终止，长江水位不会再涨了！"8月18日，暴雨果然停止了，工业重镇武汉成功脱险。

"两弹"试验的气象保障

当立功的喜报两次送到陶诗言的家中，陶诗言为"两弹"（原子弹和氢弹）试验做气象保障工作的经历才被人知晓。

20世纪50年代，我国开始研究"两弹"。当时，"两弹"对发射点和爆炸点的气象条件要求很高。陶诗言被张爱萍将军亲自点将。对此，陶诗言曾经问过钱学森："你为什么不用雷达来追踪？"钱学森说："我要看到导弹升空的过程，当初'东风'1号导弹发射的时候，从酒泉到新疆，落地时要求上空没云，为了便于观测……"

晚年的陶诗言回忆说："发射场上空不能有云，这个云很难预报。我到部队里去做气象保障，就是保障导弹附近不能有云，要用肉眼目测它的姿态……那时条件很苦，我现在想，我当年是怎么完成任务的呢？"

陶诗言在家中工作

“两弹”试验气象保障工作任务艰巨，条件艰苦，但是陶诗言以过硬的业务能力和极大的责任心，一次又一次圆满地完成了任务。后来，一直到1974年，陶诗言先后十多次到酒泉试验基地工作，每次一干就是几个月。陶诗言始终坚守在第一线，多次为导弹试验工作提供气象保障。

20世纪80年代后，他对东亚季风的变化进行了系统研究，使中国在季风研究方面跨入世界前列；之后，他对气候预测和气象灾害进行了深入研究，取得了一系列重要研究成果。

在科研问题上，陶诗言很重视三种素质：要有发现问题的能力，要有找到解决方法的能力，要有不怕失败、不怕困难的勇气。

2008年，那场突如其来的雨雪冰冻灾害给我国南方造成了巨大损失。90岁高龄的陶诗言不顾自己的身体，坚持带学生研究。他不能亲自坐车去图书馆，就让秘书把国外气象杂志的目录打印后拿给他看，发现了有需要的，就请学生复印后送给他阅读。2008年夏天，北京举办奥运会，陶诗言再次急国家之所急，多次参与奥运天气会商。2012年北京“7·21”特大暴雨发生后不久，陶诗言立即建议：“请相关专家认真开展分析、研究工作。”这是他去世前四个月提出的建议，也是他最后一次向学生布置学术任务。

精神闪耀

一辈子做天气预报，陶诗言用一句话总结自己的人生：“预报天气七十载，成功失败四六开。”

在1954年和1998年两次百年难遇的洪水灾害发生时，他准确预测了天气变化的趋势，挽救了无数生命，避免了无数财产的损失；他曾7次被邀请到“两弹”发射的现场，为“两弹”的成功发射观风测云……

陶诗言淡泊名利，低调谦逊，一生获得诸多荣誉，但他泰然处之。1956年，陶诗言被评为全国劳模，他却从未向家人提起，致使他的儿子一直不知道这件事。如果不是后来他儿子无意间看到他的证书，恐怕他还是不会主动提起。对于自己的荣誉证书，陶诗言也没有精心收藏，很多重要的荣誉证书已经不知去向。剩下的，他也仅是用一根绳子简单一捆，装在一个破旧的塑料袋中，丢到了一个不起眼的角落里。

他一生中培养了许多优秀的气象学人才。他自编教材，亲自授课，培养了我国第一代天气预报业务人员。后来，这些人在全国众多气象台和预报部门发挥了骨干作用。在教学中，他不会一味地说教，而是以启发式教学为主，这种方式也大大提高了学生的主观能动性。

陶诗言用一生诠释了真正的学者风范——不慕虚名，甘为人梯，将毕生心血奉献给气象事业。他的低调与坚守，如同润物无声的春雨，滋养着中国气象学的沃土，铸就了一座永恒的精神丰碑。

院士小传

陶诗言（1919—2012），浙江嘉兴人。气象学家，中国科学院学部委员（院士）。他被人尊称为“中国气象学的一代宗师”，是中国卫星气象学的开拓者之一。

陶诗言为我国的天气预报事业培养了大批人才，是我国现代天气预报理论和方法的开拓者和奠基人。他与叶笃正合作，共同研究东亚大气环流；提出了影响中国寒潮的三条路径；最早将卫星资料用于中国大气分析和预报。

1987年，陶诗言获国家自然科学奖一等奖；1996年，获何梁何利基金科学与技术进步奖。他的专著《中国之暴雨》影响深远，使具有中国特色的暴雨研究一直处于国际领先水平。

黄文虎

中国振动工程研究的开拓者

什么是幸福？当官、有钱都不是，对我来说，破解科技难题，那才是什么都比不了的幸福。

1937年，中国全民族抗战开始，受侵华日军飞机轰炸的威胁，学校被迫停课，大家只好匆匆逃难回家。在战火纷飞中，黄文虎一边逃难一边求学。他说："国家正处于危急存亡的关头，只有努力学好本领，才有可能拯救国难。我们这代人都是怀着这样一颗为国家、为民族而努力学习的赤子之心，度过了颠沛流离的求学生活……"

在战火中艰难求学

1926年7月22日，黄文虎诞生在上海的一个普通邮局职员的家庭里。不久，他就被父母送回浙江金华永康老家抚养。

金华地区素有重视教育的传统。为了寻求更好的学习条件，不到10岁的黄文虎就背起行囊远离家乡，独自一人去百里之外的学校上学。

当时，学校对学生管理很严格，每个星期只有星期天下午可以外出两个小时。可对黄文虎而言，校园生活是新奇而美好的。课余可以到图书馆阅览图书，那里藏着很多令他耳目一新的图书，图书馆成了住校生黄文虎的一方小天地。星期天晚上，老师总是娓娓动听地给同学们讲述《天方夜谭》之类的故事。那时，黄文虎每天都能从学校订阅的《少年儿童报》中读到日本人欺压中国百姓的种种暴行。从此，黄文虎心中就埋下了"为中华崛起而读书"的种子。

风云突变。1937年，日本悍然发动全面侵华战争，黄文虎小学尚未毕业即被学校遣散，匆匆逃难回家。1938年，待局势稍微稳定后，他考入搬迁至乡下的浙江省立金华中学（今浙江金华第一中学）的初中部，开始了新的求学，时年12岁。

当时条件很差，大家住的都是些祠堂、庙宇之类，室内用竹席隔成一间间学生和老师的宿舍，简陋的方桌既是饭桌又是课桌。晚自习时，昏暗的桐油灯冒出的黑烟熏得同学们鼻孔里、脸颊上都是黑灰。黄文虎睡上铺，晚上常做噩梦。

即使在这样艰苦的条件下，学校图书馆的几个房间里仍是放满了图书，校内还设有物理实验室、化学实验室。早晨，黄文虎和同学们在山上松林深处伴着松涛声高声朗读英语，倦了就躺在大岩石上睡一觉。晚上在昏暗的灯光下做作业，入睡前还要热烈地讨论一番。那时疟疾流行，有的同学发高烧，冷得直发抖，即便盖上三四条棉被，还是不管用。可即便这样，这些同学仍旧坚持背诵英语单词。

当时，英语、物理老师用的教材和参考书都是金华中学的老师们自己编写的。几何老师在黑板上徒手画圆，既精准又美观；语文老师的家被日本飞机扔下的炸弹炸毁，老师家破人亡，他把自己写的十首诗油印给学生当课文，学生们读得义愤填膺，声泪俱下；当音乐老师教学生唱他自己谱写的抗日歌曲时，似乎把学生带上了抗日的战场……那时，老师们一箪食，一瓢饮，居陋巷而不改其乐。金华中学的这些老师敬业负责，不但传授了学业，更塑造了学生的心灵。这些对黄文虎等人的成长影响至深。

可好景不长。金华沦陷，大家只好又开始逃难。其间，同学们辗转丽水等地，几经波折，多次逃难，每逃难一次，就丢一次铺盖行李，家当几乎丢失殆尽。后来，金华中学在丽水又租借了祠堂、庙宇复学。其间同学们颠沛流离，历尽艰辛。日本侵略者的残暴和国民党政府的腐败无能，使得黄文虎这群青年学生满腔热血、义愤填膺，都愿为中华民族的自强而奋斗。他写下了一首记录当时情景和心境的小诗："忆昔风云变婺江，弦歌未辍避山乡。蒲塘月冷祠堂暗，方岭风寒衫袖凉。陋室昏灯书堪乐，晨鸡悲舞意低昂。山河破碎铁蹄虐，热血男儿当自强。"

1945年抗日战争胜利后，黄文虎考入浙江大学电机系。在大学期间，黄文虎刻苦学习，积极参加爱国运动，开始逐渐接受革命思想，明确了人生的目标。大学毕业后，他毅然选择科技报国这条路，并坚定地走了下去。

不断突破技术难题

1950年9月，为了实现科技报国之志，黄文虎将重工业基地东北作为自己追求理想的地方。他告别江南水乡，来到遥远的"冰城"哈尔滨，在哈尔滨工业大学研究生班学习。因学校规模扩大，急需教授基础课程的教师，于是，他改换专业成为理论力学研究生，从此和力学与振动事业结下不解之缘。

1953年，我国开始实施第一个五年计划。大批年轻教师投身到为祖国经济建设培养专门人才的新型大学的建设中，他们参加院系调整，建设新专业和新课程，组织教学，研究教学方法。

黄文虎认识到，作为大学教师，不但要过教学关，还要过科研关，要不断充实、提高自己。可当时工作任务繁重，根本没有条件到国外深造或在国内进修，黄文虎就自己组织讨论班，先系统地读专业书，然后阅读文献，开展各种专题讨论。那段时期，黄文虎写了几篇论文，并请苏联有名望的教授审阅，论文得到了教授的肯定和好评。

黄文虎在担任哈尔滨工业大学工程数理力学系副主任时，曾苦于组织开展学校的科研工作，他向当时的校长李昌请教。李昌校长的一席话给了他很大的启发。校长说，科学发展有其自身规律，但归根到底，还是要根据生产实际的需要。只有从生产实际出发，才

黄文虎与学生交流

能提出有见地的创新思想。黄文虎意识到，科研工作应该结合生产实际，为生产实际服务，为经济建设服务，这也正是在科研中获得创造性思想的源泉。

20世纪70年代，黄文虎每天骑车去哈尔滨汽轮机厂上班。当时厂里正在设计我国容量最大的60万千瓦汽轮机，末级叶片长达1米。对高速旋转的汽轮机而言，叶片的振动设计是保障机组安全的关键。厂里的技术人员受到国外资料上的一张照片的启发，提出了用“拱形围带整圈连接叶片组”的设计方案。但在设计方法上，仅查到苏联有一篇论文介绍了松拉金整圈连接叶片组的试验结果，在一定条件下其振动可减少到自由叶片的十分之一，缺少设计原理和设计方法的资料。技术人员众说纷纭，莫衷一是。

黄文虎觉得这正是从生产实际出发提出来的课题，是发展新的理论和方法的良好条件。由于从生产实际出发提出的需求明确，发展理论的思路清晰，因而易于突破理论难关。他提出了这种叶片组的振动设计方法和调频原则，后来人们把它称为“三重点”理论。他进一步把它简明直观地表达出来，并在叶片组振动计算中以巧妙的方法大大地缩减了计算量。厂里又组织工人制造试验台，对上述理论和计算方法进行了试验验证，最终将其运用于末级长叶片的设计，解决了我国大容量汽轮机设计中的一个关键技术问题。

由于这种方法对涡轮机叶片组的振动设计普遍适用，很快被国内各汽轮机制造厂和研究所广泛采用，取得了巨大的社会效益和经济效益。

结合生产实际的需要，提出研究课题，为生产实际服务，同时发展新的理论和方法。黄文虎沿着这条道路，多年来解决了多项工程技术中的关键技术问题，研究范围涉及多个领域，在学科前沿不断取得突破。

从1983年起，黄文虎一直承担着国家“六五”至“八五”期间有关“大型汽轮发电机组监测与故障诊断系统”的国家科技重点攻关项目，专注于设备故障诊断的理论及产品研制和开发工作，在国内较早成功地将计算机运用于汽轮发电机组及压气机组的振动监控与故障诊断上，开发出多套具有我国特色的振动监控与故障诊断系统，将其装备于国内多个省市的电厂、化工厂，用于监测、预报和及时报警，并诊断和处理各类故障，从而避免了若干重大事故的发生，保障了工厂设备和工作人员的安全，为国家挽回了以亿元计的经济损失。他在诊断理论方面提出“模糊诊断”等概念和方法，将人工智能专家系统的理论及神经网络理论和方法引入故障诊断领域，为故障诊断技术开辟了实用化的途径。

当时，黄文虎开拓的故障诊断应用技术还拓展到航天、航空、船舶制造等领域。

黄文虎不仅在机械动力学与控制以及故障诊断等方面有突出的学术造诣，解决了国内多项重大工程项目中的关键科学技术问题，还为国家培养了大批学术和科研人才。作为知名教育家，他执教六十余年，从20世纪50年代讲授理论力学基础课，到60年代从事飞行器结构强度专业教学，再到80年代以来培养硕士生、博士生以及博士后，桃李满天下。

黄文虎（左一）与钱学森夫妇在镜泊湖

黄文虎在家中

精神闪耀

黄文虎平时酷爱读书，而且涉猎颇广。他曾作诗自述并以诗的最后两句寄语年轻人：“冥顽何曾与世争，读书偶露小聪明。风云际会酬初志，边境虚空忝盛名。廉颇老矣诗作饭，渊明归去笔堪耕。杏坛孺子气如虎，志在扶摇万里程。”

“春蚕到死丝方尽，蜡炬成灰泪始干。”晚年的黄文虎仍然积极热情地参与许多学术活动和社会公益活动。在一次讲座中，他对学生说：“在大学里，除了获得‘扎实基础’这粒种子外，还需要获得‘学会做人’这另一粒种子，只有好好抓住这两粒种子，才能孕育自己以后人生的茂密森林。”学生们认为，跟着黄院士学习，学到的不仅是知识，更是做人做事的道理。看着一批批学生走上建设祖国的关键岗位，这是黄文虎一生最大的骄傲。

黄文虎在实验室指导学生

院士小传

黄文虎（1926—2022），浙江永康人。机械动力学专家、航天工程专家，中国工程院院士。

黄文虎1949年毕业于浙江大学，曾任哈尔滨工业大学校长，国家自然科学基金委员会委员，中国振动工程学会理事长、名誉理事长，黑龙江省科协主席、名誉主席。

黄文虎长期致力于机械动力学与控制学科领域的教学和研究工作，取得了多项重要创新性成果，推动了我国航天器动力学与控制等工程科学的发展。他较早开展了设备故障诊断技术研究，为飞船安全可靠性设计提供了故障诊断的技术支持；为大容量汽轮机安全振动设计提供了汽轮机末级整圈连接长叶片振动设计的新方法和调频的“三重点”准则；开展了潜水高速航行体关键基础理论研究等。

龚晓南

深耕地基处理的岩土工程专家

我还要继续努力，因为岩土工程研究是不可穷尽的，还有许多新问题等着我们去解决。

2011年12月8日上午，中国工程院网站公布了2011年当选院士名单，浙江大学土木工程学系龚晓南教授当选为土木、水利与建筑工程学部院士。

龚晓南从金华农村走出去，一辈子与泥土打交道，喜欢“脚踩泥土做学问”。他说，我国地域辽阔，工程地质复杂。这既向我国岩土工程界提出了许多崭新的课题，也为我国岩土工程研究跻身世界一流并逐步占据领先地位创造了很好的条件。

金华求学一波三折

1944年10月12日，龚晓南出生在浙江金华汤溪县罗埠区（今金华市婺城区罗埠镇）山下龚村一个农民家庭。山下龚村地处金衢盆地衢江两岸的湿地，紧邻黄土丘陵，南面是南山九峰山，湿地里池塘星罗棋布，村中土地绝大部分是水田，颇具江南鱼米之乡的特色。

龚晓南家中兄弟姐妹七人，他是老大，最小的是弟弟，两人相差21岁，中间有5个妹妹。1949年，龚晓南上小学。那时，他寄宿在离罗埠镇不远的上章村外婆家，那一带遍布池塘、小河、小桥。如今，每次到西溪湿地，他都能想到儿时的求学路。

1955年，龚晓南被汤溪初级中学录取，当时家境困难的他差一点放弃学业。因难以筹到学费，父母无力供他上学，11岁的他偷偷哭了好几回。父母见他求学心切，又会读书，在众多亲友的劝说和帮助下，父亲还是决定送他上学。“我能继续读书，除了父母省吃俭用外，还得到不少亲友的帮助。没有助学金，没有亲友们的帮助，我是很难读完中学的。”多年来，龚晓南对家乡的父老乡亲心怀感恩。20世纪90年代，老家一条沙石路要修成水泥路，水泥就是龚晓南捐的。

1958年，汤溪初级中学改名为金华第四中学，并招收高中班，龚晓南成为该校第一届秋季高中班的学生。高中三年的最后一学期，高中部学生合并到金华第一中学（以下简称“金华一中”），因此龚晓南在金华一中上了一个学期。

在中学阶段，龚晓南的生活很艰苦。他没钱买钢笔，用的都是蘸水笔。一直到上大学时，他的大舅舅章荣根送给他人生中第一支钢笔；他没有买过雨伞和雨鞋，用的都是斗笠；饿肚子更是常事，饭票不够，只能省着吃。生活虽然很艰苦，但他觉得有书读就很满足了，因为他知道，父母亲供他读书是多么不容易。他深知农民的孩子上学带给父母的辛劳。

1961年，金华一中有毕业生256人，其中两人考上清华大学，龚晓南便是其中之一。从此，他开始了人生的新篇章。

我国培养的第一位岩土工程专业博士

清华大学的学风很好，大家学习都很努力。来自农村的学生学习基础相对差一些，特别是外语。刚进大学时，龚晓南的学习成绩一般，他觉得更要努力。后来龚晓南进步很快，到了大学二年级，成绩就名列前茅了。龚晓南在学习上经常给自己加码。比如在学理论力学和材料力学时，同时使用中、英文版教材，并学习用英文记复习笔记；在学结构力学时，用中、英文版教材的同时，还用俄文版教材，一边学结构力学专业知识，一边学俄文。

在清华园，龚晓南的心里埋下了一颗“为祖国服务”的种子。“记得有一次，班级组织游览八达岭长城，途中来到青龙桥詹天佑纪念馆。那时候，我们对詹天佑非常崇拜，我也暗暗下定决心，要为祖国的土木工程建设作出自己的贡献。”龚晓南说，大学不仅让他掌握了现代土木工程知识，更重要的是让他明白了，科研必须考虑国家需要。大学毕业后，龚晓南来到陕西凤县，投身到“大三线建设”当中。修公路、架桥梁、筑防洪堤，工程需要他干什么，龚晓南就干什么，这一干就是十余年。

1978年，我国恢复研究生培养制度，高校开始招收研究生。龚晓南考入浙江大学岩土工程专业学习，师从曾国熙教授，开始从事岩土工程的学习与研究。曾国熙教授是当时该系唯一一位留学回国，并在软土地基领域有科研成果的人。硕士研究生毕业后，龚晓南留在浙江大学工作，成为浙江大学土木工程学系土工教研室教师。在教学上，他承担研究生教学和管理工作，并担任中共土（土工）测（测量）建（建筑）支部书记。

1981年，国家开始施行学位条例；1982年春，浙江大学开始招收第一届博士研究生。龚晓南在职报考，成为浙江大学第一届博士研究生。1984年9月12日，龚晓南通过了博士论文答辩，成为浙江省培养的第一位博士，也是我国岩土工程界培养的第一位博士。1984年9月14日，《浙江日报》头版头条做了《浙江大学培养出第一个博士》的报道，浙江电台、《光明日报》和《文汇报》等多家媒体也做了相关报道。

1970年，龚晓南工作时坚持体育锻炼

1985年，龚晓南的论文《大型钢油罐下软黏土地基固结分析》被第五届国际岩土力学数值分析方法会议录用。报学校并经教育部同意，他赴日本名古屋参加会议。“第一次去国外，看什么都觉得新鲜，新干线、高速公路及沿线休息区、公路立交、地下通道、地下商场、超市等，都是第一次见到。这些使我开了眼界，看到了差距，也深感责任重大。”龚晓南说。

1986年底，龚晓南获得洪堡基金会奖学金，赴德国卡尔斯鲁厄大学土力学与岩石力学研究所从事研究工作。他如饥似渴地学习技术，生活上非常节俭，用节省下来的奖学金和其他收入买了一台计算机带回国。1988年春，龚晓南从德国回到了浙江大学工作。

为我国地基“把脉问诊”

广佛高速，我国最早的高速公路之一，是连接广州和佛山的一条重要陆运通道。20世纪末，当车流量变大、原有四车道要拓宽时，一道难题摆在人们面前：新旧地基怎样融合处理？这个“卡脖子”的难题最终被龚晓南及其团队创建的地基处理“良方”——复合地基处理技术所攻克，即通过在地基中设置桩体等增强体来提高地基承载力，控制工后沉降。如今，复合地基已被广泛运用于建筑工程、高速公路、市政道路、机场等工程建设领域。1992年，龚晓南完成专著《复合地基》，首次构建了复合地基理论框架，提出了复合地基的定义、形成条件和分类方法，建立了系统的复合地基承载力、沉降、稳定和抗震分析方法，由此立下了复合地基发展史上的第一座里程碑。

1969年，龚晓南在由他领导设计施工的双曲拱桥旁

龚晓南坚持理论研究和工程应用相结合，他主持和参与完成了十几个省区市的建筑工程、机场工程、围海工程等软土地基处理咨询与设计项目，主持绍兴和启东等地数十个基础工程事故处理项目，解决了许多技术难题。

龚晓南在长期从事土力学及岩土工程教学、理论研究和工程实践的同时，也非常重视教育教学。复合地基现已成为与浅基础、桩基础并列的第三种土木工程常用基础形式，成为土木工程类本科生和研究生教学的重要内容。

2023年，浙江大学教育基金会龚晓南教育基金成立，旨在奖励全国范围内在岩土工程及地下空间开发领域作出杰出贡献的科技工作者，激励更多优秀科技人才成长，引领行业绿色创新发展。截至2024年8月，龚晓南已培养硕士104名，博士93名，博士后26名；已发表论文900多篇，出版著作、教材和工程手册等80多部；主编国家标准《复合地基技术规范》等多部工程标准；已获国家和省部级科学技术进步奖及教学成果奖20余项。

1995年，龚晓南在陕西凤县由他领导设计施工的双曲拱桥旁

精神闪耀

《地基处理》于1990年创刊，龚晓南任主编。这是我国唯一一本专门介绍地基处理理论和技术的刊物，见证并引领着我国地基处理技术的发展，在我国岩土工程学术界和工程界具有很大影响力，极大推动和促进了我国地基处理技术的发展和地基处理工程技术人员的成长。

实践是理论的基础。在研究和教学中，龚晓南一直要求学生到实地考察。技术用到哪里，龚晓南的脚步就到哪里。工程项目遇到难题，他总是亲自“出诊”，一个工程一个“方子”。跨越浙江，北至牡丹江，南达广东，复合地基技术的枝蔓早已“根深叶茂”。仅全国高速公路和高速铁路，龚晓南团队就已“问诊”40余条，其中包括京津城际高速铁路、京沪铁路等重大工程项目。

“我们这个专业，只在实验室、书本上研究是不够的，只有脚踩泥土、亲临现场才能获得第一手数据。”龚晓南说，“即便在浙江一省之内，温州、台州、宁波等地的软土厚度、土层物理力学性质也不一样。只有对现场多一些了解和研究，才能确保工程建设严谨、准确。”

从理论到实践，再从实践到凝练问题、解决问题，这段路，龚晓南重复了无数次。谈起未来，龚晓南说：“我还要继续努力，因为岩土工程研究是不可穷尽的，还有许多新问题等着我们去解决。”

院士小传

龚晓南，1944年出生，浙江金华人。岩土工程专家，中国工程院院士。

龚晓南是浙江省自己培养的第一位博士，也是我国自己培养的第一位岩土工程博士。其主编的《地基处理》是我国唯一一本专门介绍地基处理理论和技术的刊物。

龚晓南长期从事土力学及岩土工程教学、理论研究和工程实践，在复合地基和地基处理理论及工程实践，以及基坑工程系列创新技术研究、岩土工程教育和人才培养等方面作出了突出的贡献。他被授予茅以升土力学及基础工程大奖，被推选为《岩土工程学报》黄文熙讲座主讲人。龚晓南为我国工程建设和岩土工程学科发展以及岩土工程高级工程技术人才培养作出了杰出的贡献，创造了巨大的社会效益和经济效益。

屠守锷

“共和国神剑”的铸造者

人家能做到的，不信我们做不到。我们自己要掌握这个技术，让别人不敢轻易碰我们。

抗日战争胜利的消息传来，在大洋彼岸的屠守锷欣喜若狂，他立刻辞去在美国的工作，从美国东部出发，整整历时四十余天，终于抵达旧金山。

找不到前往中国的客轮，他便费尽心思搭乘上了一艘开往青岛的运兵船。虽然挤在阴暗潮湿的仓库里，但是一想到马上能回到魂牵梦萦的祖国，他内心无比激动。

年少飞机梦

在历史悠久的江南古镇南浔，有枯藤老树的清幽，有小桥流水的悠闲，也有荷叶田田的欢乐。

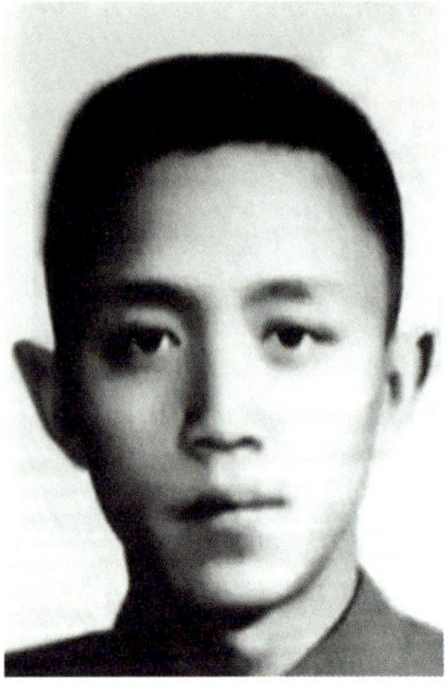
青年时代的屠守锷

1917年12月5日，在南浔古镇，屠守锷出生了。在这里，他度过了自己快乐的少年时光。

虽然他家是小职员家庭，家境普通，但屠守锷的父亲非常注重孩子的教育。少年时期的屠守锷在老家念了小学，后来以优异的成绩考入浙江省立第二中学（今嘉兴市第一中学）。之后，他辗转到上海读书。

屠守锷（右）在发射现场签字

有一天，父亲来上海接他回南浔老家过春节。这时候，天空中突然出现了几十架日本轰炸机。父亲拉着屠守锷拼命地往码头飞奔。炸弹如雨点般落下，平日繁华喧闹的城市瞬时房倒屋塌、血肉横飞。虽然屠守锷保住了性命，但这惨绝人寰的一幕给年少的他留下了刻骨铭心的记忆。看着自己曾经上学走过的街道变成了废墟，相识的朋友血肉模糊，他内心极度震撼和愤恨。面对满目疮痍，少年屠守锷立下了自己的志向：“一定要亲手造出我们自己的飞机，赶走侵略者，为死难的同胞报仇！”

这颗爱国救民的种子迅速发芽抽枝，屠守锷发奋读书，立志“航空救国”。1936年，屠守锷考入清华大学机械系。后来，学校增设了航空系，他毫不犹豫地转到了航空系。

从航空系毕业后，屠守锷凭借着优异的成绩获得了公费赴美留学的资格，随后进入麻省理工学院攻读硕士学位。仅用两年时间，他就获得了硕士学位。之后，他在美国的一个飞机制造厂工作，成为一名工程师。

1945年抗战胜利后，屠守锷毅然辞去工作，放弃国外优越的条件，历时数月回到祖国，从事国防科研工作。

虽然国内的科研条件艰苦，但屠守锷的内心始终坚定。从此，他的命运便同中国的导弹和航天事业紧密地联系在一起。

从零开始的导弹研究

面对满目疮痍的战后中国，屠守锷明白，培养航空制造的人才刻不容缓、势在必行，于是他选择了在国立西南联合大学开设航空专业课程，后又到清华大学航空系担任主讲教授。那些有关现代航空制造的知识体系，那些有关“航空救国”的坚定理念，经由屠守锷日复一日地教导，成为中国新一代航空人才的集体意识。

1948年，屠守锷秘密加入了中国共产党。后来他无数次地感叹道：“从那时起，我才真正开始了自己的事业。”

20世纪50年代，面对复杂紧张的国际局势，中国急需发展自己的导弹，屠守锷被选中进行中国导弹的研制工作，因而跨进了国防部第五研究院的大门。

当时屠守锷的任务是研究火箭与导弹的结构强度和环境条件。对于他来说，这是一个全新的课题。他和当时的很多专家一样，一切从零开始，在摸索中开展中国导弹的研究。他坚信，中国人只有自己掌握了核心技术，才不会受人欺负。

然而，糟糕的是，突然有一天，苏联单方面终止了与中国的新技术协定，不由分说地撤走了全部专家和资料。此时的屠守锷异常冷静且坚定地对团队成员说："人家能做到的，不信我们做不到。我们自己要掌握（导弹研究）这个技术，让别人不敢轻易碰我们。"

立下誓言的屠守锷直接将办公桌搬到了科研生产一线，日日夜夜沉浸在研制导弹之中。他有时连续20多个小时不眠不休，实在撑不住了，就找块木板躺下打个盹。潜心研究的屠守锷制订了"地地导弹发展规划"，即"八年四弹"规划，还参与制订出其技术发展方向。这个规划对中国导弹与火箭技术的发展起到了非常重要的作用。

中国的导弹系列如今已发展成为一个庞大而强悍的家族，但第一枚中近程导弹，却是个"夭折的婴儿"。屠守锷当时痛定思痛，用尽一切方法寻觅导致试验失败的蛛丝马迹，最终发现了设计方案的缺陷。在完成了一系列的技术攻关后，屠守锷带领团队又进行了8次飞行试验，回回都是成功。屠守锷带领的研制团队让中国成为继美国和苏联之后，世界上第三个成功完成洲际导弹全程试验的国家。

圆梦时刻

1980年5月9日，中国宣布了令全世界都为之震动的消息：中华人民共和国将于5月12日至6月10日，由中国本土向太平洋公海上发射运载火箭试验。

1980年5月18日，屠守锷迎来了自己航天生涯中最重要的日子。他一生中经历过很多次发射，但这一次无疑压力是最大的。

当导弹在发射塔上矗立起来的时候，屠守锷已经连续两天两夜没合眼了，但他仍然坚持爬上了发射架，完成了最后一遍检查。

这一天，作为中国第一枚远程导弹的总设计师，屠守锷在“可以发射”的鉴定书上签下了自己的名字。签字的时候，他看上去非常平静。然而，当导弹准确命中万里之外目标的消息传来，屠守锷却再也抑制不住内心的激动，双手捂着眼睛，孩子般地哭了，继而又笑了。

导弹准确命中目标，这一刻，全世界震动了。

“东风”5号全程飞行试验的成功，标志着我国拥有了第一代洲际导弹，极大地增强了我国的国防实力。

在对我国远程导弹攻关的同时，屠守锷还担任了“长征”2号运载火箭的总设计师。由远程导弹改进而成的“长征”2号运载火箭成功发射了我国第一颗返回式遥感卫星，自此，我国的运载火箭开始进入实用阶段。

精神闪耀

“锷”者，刀剑之刃。“两弹一星”功勋奖章获得者屠守锷，用他的一生诠释了这个名字的含义。

从少年时立下航空救国的志向，到主持完成第一枚洲际导弹的研制发射，带领中国创造“八年四弹”的奇迹。屠守锷曾说：“国家需要我干这一行，我当然全力以赴。”

工作中的屠守锷严谨得近乎苛刻。与屠守锷共事多年的中国科学院院士、中国航天科技集团火箭系统控制专家梁思礼回忆道，当时，屠守锷在排查问题时，发现少了一颗极小的圆珠子。怕这颗珠子掉在导弹里，屠守锷带头趴在地上找，直到在车道沟里发现这颗珠子才作罢。

“没有好的作风，就没有资格搞航天。”这是屠守锷始终秉持的工作准则。他严于律己，生活俭朴，将毕生精力都投入中国航天事业中。作为我国航天事业的奠基人之一，屠守锷主持研制了洲际导弹和“长征”2号运载火箭，为国家作出了重大贡献。他严谨的科学态度和无私的奉献精神，成为航天领域的宝贵精神财富。

院士小传

屠守锷（1917—2012），浙江吴兴（今浙江省湖州市）人。火箭总体设计专家，中国导弹与航天技术的开拓者之一，中国科学院学部委员（院士），国际宇航科学院院士。

1940年，屠守锷毕业于清华大学。1941年，他前往美国麻省理工学院攻读硕士学位，毕业后在飞机制造厂任工程师。1945年，回国后的屠守锷先后任国立西南联合大学副教授，清华大学、北京航空学院教授，国防部第五研究院室主任，七机部第一研究院副院长和科技委主任，航空航天部、中国航天工业总公司高级技术顾问。

屠守锷领导并参加了中国中近程、中程、中远程、远程、洲际液体弹道导弹的研制、试验工作，带领有关技术人员突破了多项技术难关，尤其是在远程、洲际导弹和“长征”2号运载火箭、“长征”2号C运载火箭的研制试验中，更是有突出贡献。

屠善澄

与卫星同行的自动控制专家

做任何工作都需要认真，科学更需要认真。不仅要认真认识所处理的问题的方方面面，更要弄懂道理，真正吃透道理，能真正掌握事物变化的规律。

1941年底，太平洋战争爆发，日军占领上海租界后不久，汪伪政府接管交通大学，屠善澄气愤地离开学校，说：“汪精卫的学校我不念！”

屠善澄无法同流合污，只能另外再找大学，后来他进入了大同大学。当时大同大学的教师，有不少是来自交通大学的。他们同样不愿在汪伪政府的学校教书，便来到大同大学。不少学生也跟着他们到了大同大学。

汪精卫的学校我不念

与大部分从浙江走出来的院士一样，屠善澄的童年和少年时期，也经历了抗战、沦陷和逃难的过程，深深打上了时代的烙印。

1923年8月12日，在浙江嘉兴新塍，屠善澄出生了。

他的父亲考上了复旦大学。但由于祖父思想守旧，父亲仅在复旦大学念了半个学期，便在祖父的要求下离开了学校。这成为父亲的终身遗憾，让父亲产生了哪怕竭尽全力，也要让家里每一个子女都能上大学的想法。

他上初中时，一位名叫尹道中的老师鼓励学生们学习无线电。屠善澄和同学宋莘耕两人，通过一本借来的俞子夷编著的《无线电入门》，开始接触无线电。

1937年底，嘉兴沦陷，正在浙江省立嘉兴中学（今嘉兴市第一中学）读书的屠善澄被迫辍学。不甘当亡国奴的屠善澄逃难到上海租界，考入江苏省立上海中学高中部理科班。一开始，他因辍学一年而跟不上课程进度，老师劝屠善澄退到初中三年级学习，或是按老师指点的自学方法补习初三课程。屠善澄选择了刻苦自学的道路，几个月后终于跟上了高中的教学进度，提升了自学能力。

高中毕业后，屠善澄考入交通大学电机工程系。但苦难接踵而至，年底，太平洋战争爆发，日军占领了租界。父亲经营的工厂被日本人没收，家庭经济状况一落千丈。

不久，汪伪政权接管了交通大学。屠善澄决定退学，他的理由是："我在上海念书的时候，有一条铁杠就是，汪精卫的学校我不念！"

"怀祖"归国

大学毕业后，为了继续深造，屠善澄选择到交通大学当助教，可以在工作的同时弥补大学阶段所学知识的不足。1948年1月，屠善澄赴美留学。

当初转到大同大学时，屠善澄根据兴趣选择了电机工程系。但在分专业时，他又考虑到毕业后的出路，选择了电力专业。在美国康奈尔大学读研究生时，屠善澄仍然选择了电力系统为主专业，应用数学和自动控制为副专业。

1949年夏天，屠善澄在美国尼亚加拉莫霍克电力公司的电网继电保护部做暑期兼职。就是在那里，他接触到了有关电力系统的稳定性问题。这让他对电力系统和复杂大系统的动力学分析以及控制问题产生了浓厚兴趣，并以此作为终身专业。

回忆自己当年的选择，他说："做任何工作都需要认真，科学更需要认真。不仅要认真认识所处理的问题的方方面面，更要弄懂道理，真正吃透道理，能真正掌握事物变化的规律。"

在康奈尔大学就读期间，屠善澄遇到了自己的终身伴侣——数学系的桂湘云，一位书香门第的大家闺秀。尽管在美国，屠善澄的生活优裕，他却从未忘记祖国，因此屠善澄为自己的小儿子取名叫"怀祖"，"怀祖"寓意着怀念祖国。没有什么理由，归国是他朝思暮想的心愿。

此时，国内发生了翻天覆地的变化：中华人民共和国成立了。远在异国的屠善澄激动万分，渴望尽早回国。但报效祖国的心愿一直到五年后才得以实现。1956年，屠善澄放弃了康奈尔大学的高薪，和妻子带着两个孩子返回祖国。

祖国需要什么，我就做什么

年轻的屠善澄刚刚归国，就面临一个紧迫的挑战：国内急需模拟计算机。但依赖苏联供货至少要等两三年，国家等不起，他便带领团队从零开始攻关，当MZ-2和MZ-4模拟计算机研制成功时，没人知道他们熬过了多少个不眠之夜。

苏联发射第一颗人造卫星后，毛泽东主席提出了“我们也要搞自己的人造卫星”。应国家需要，屠善澄到中国科学院自动化研究所任职，开始研究人造地球卫星控制系统。虽然这不是他的专业领域，但35岁的他通过自学掌握了卫星控制技术。同事们记得，他办公室里那盏灯总是亮到深夜，桌上堆满了外文资料。几个月后，他不仅完成了研究报告，还开创性地提出了适合我国国情的卫星控制方案，为我国后来人造卫星的发射提供了重要参考。

1970年，屠善澄开始了我国第一颗地球静止轨道试验通信卫星“东方红”2号控制系统的研制。发射第一颗试验通信卫星时，由于运载火箭出现故障，卫星未能进入预定轨道。屠善澄带领团队根据有限的遥测数据，编制专用软件，让卫星发动机成功点火，使卫星准确进入轨道，实现了我国卫星电视信号首次转发。

在发射第二颗试验通信卫星的过程中，科研人员发现发动机点火后整星温度不断上升，眼看就要发生卫星灾难性事故。屠善澄临危受命，带领团队多次调整卫星姿态，经过8天的努力，终于使卫星温度恢复正常。这颗卫星最终超期服役，使用寿命超过设计寿命3年。1985年，试验通信卫星及微波测控系统获得国家科技进步奖特等奖，屠善澄是控制系统方面唯一的获奖者。然而每当谈及这些成就时，屠善澄谦虚地表示：“航天是集体的智慧，我只是一个见证者和参与者。”

1986年11月，中共中央政治局扩大会议和国务院常务会议批准实施《中国高技术研究发展计划纲要》，这就是国家高技术研究发展计划，也就是“863计划”。这里面有关于载人航天的内容。屠善澄被任命为“863计划”航天技术领域专家委员会首席科学家。当时还存在一个争论：究竟搞航天飞机，还是载人飞船？航天飞机可重复利用，但技术风险大、投资风险大、研制周期长；载人飞船省钱，但不可重复利用。这一争论持续了3年，最后确定的方案是载人飞船。国家“863计划”的发起人之一杨嘉墀后来这么评价屠善澄：“最后定下来的这个飞船方案，当然不是他一个人定的，但是他作为专家委员会的首席科学家，最后拍板，功不可没。”

从早期参与人造卫星研制到担任“863计划”航天技术领域专家委员会首席科学家，屠善澄不仅为我国载人航天事业奉献出了毕生的心血，也见证了中华民族的飞天梦。

精神闪耀

从国家“863计划”航天技术领域专家委员会首席科学家和航天部第五研究院科学技术委员会主任岗位退下来后，屠善澄依然对航天事业保持着极大的热情，将大部分精力投入回复咨询、著书和培养研究生上。

他积极培养青年人才，在北京航空航天大学、中国科学技术大学、哈尔滨工业大学兼职教授。他是我国首批博士生导师之一。他培养了许多自动控制科技人才。他的许多学生都已成为相关领域的工作骨干、学科带头人。屠善澄编写的《飞行体自动控制》讲义，是我国最早的有关飞行体自动控制的教材之一。

在屠善澄看来，人生唯一的抱负便是为人类、为国家做一些真正有价值的好事情。这位质朴无华、心系祖国的科学家，用他一生的坚守诠释了抱负的力量。他在科研道路上的恒心，如同磐石般坚定不移；他在攻克难题时的信念，又如利剑般锐不可当。正是这份恒心与信念，让我们渐渐看懂了他平凡却又不平凡的人生。

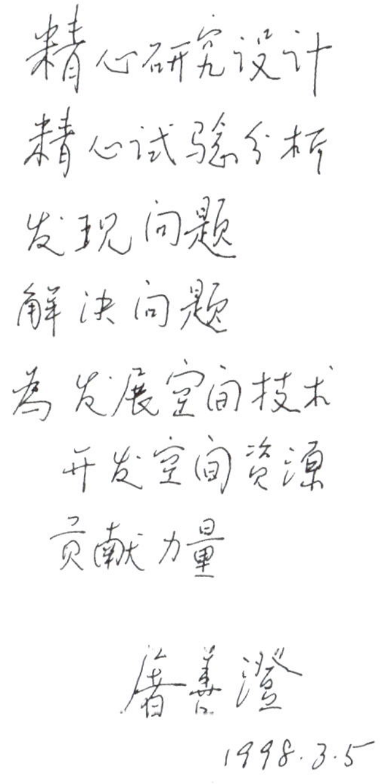
精心研究设计
精心试验分析
发现问题
解决问题
为发展空间技术
开发空间资源
贡献力量
屠善澄
1998.3.5

屠善澄手迹

院士小传

屠善澄（1923—2017），浙江嘉兴人。自动控制和航天工程专家，中国工程院院士，国际宇航科学院院士。

1945 年，屠善澄毕业于上海大同大学电机工程系。1946 年，他在上海交通大学电机系任教。1953 年，他从美国康奈尔大学毕业，获得博士学位。

屠善澄早期主要进行空空导弹和地空导弹的研究与试验工作，后又从事载人飞船控制系统的总体方案设计与仿真试验。1986 年后，他担任国家高技术航天领域首席科学家、中国空间技术研究院高级技术顾问，为中国航天事业的发展作出了重大贡献。他还参与筹建了中国自动化学会，并担任首任秘书长。他先后获国家科技进步奖特等奖、何梁何利基金科学与技术进步奖等。

褚应璜

给工厂和科研单位搭桥的电工学家

我认识的人多，所以我就在工厂和科研单位之间搭桥，目的是促使科研单位的研究成果能在生产上应用，为我国电工产品进入国际市场贡献力量。

1931年，九一八事变爆发，全民抗日情绪高涨，国民党政府却采取不抵抗政策。23岁的褚应璜以行动表示反对，他积极投身爱国运动，参与集会、游行示威，甚至赴南京请愿。

1948年，40岁的褚应璜完成了在美国的进修学习。美方承诺给他丰厚的待遇并将其子女接至美国，希望他能留在美国。但是，褚应璜心系祖国的电机制造事业，断然拒绝，毅然归国。在人生的各个阶段，无论是面对艰险，还是面对诱惑，褚应璜都坚持了本心。他只有一个信念——“乱世当为民族独立，治世当为国家富强”。

天资聪慧，跳级入学

1908年3月16日，褚应璜出生在一个书香世家。父亲褚铭泰从清朝京师译学馆毕业后，曾在开封任英文教员。母亲潘润珠勤俭持家，一共生育了8个子女。褚应璜是家里的老二，他出生时，中华民族处在风雨飘摇之中。

褚应璜的启蒙老师是自己的母亲潘润珠。幼年时，母亲就开始教他读书，童年时期的褚应璜展现出了远超同龄人的数理天分。他入学时，跳过小学一二年级，直接进入三年级学习。

1914年，褚家迁到南京，褚应璜也跟着在南京接受了基础教育。

受家庭教育的影响，褚应璜从小就萌生了长大后学工程技术的想法。17岁那年，在念高二的褚应璜从同学中脱颖而出，考上了南洋大学堂电机工程学院电力系。

远渡重洋，赴美进修

20世纪二三十年代，电机工程在全世界属于热门的学科。

1931年，褚应璜以优异的成绩毕业。毕业后，褚应璜考取了上海电力公司的职位。但是上海交通大学（前身为南洋大学堂）电机工程学院的钟兆琳教授惜才，竭力挽留他。褚应璜在恩师的举荐下，毅然放弃了上海电力公司待遇优厚的工作，甘愿留在母校当一名助教。

1934年，在钟兆琳教授的推荐下，褚应璜进入上海华成电器厂，参与该厂的筹建工作，同时负责设计制造交流异步电动机及其控制设备。

由于当时国内还没有自主研发的交流异步电动机及其控制设备，为了能打破来自海外的封锁，早日生产出可以同“洋货”竞争的机器，褚应璜开启了夜以继日的工作模式。他集思广益，与技术人员、工人共同研究解决技术难题，克服了一个又一个困难，终于首次研制成功交流感应式异步电动机系列及电动机控制设备。此后，褚应璜受聘担任国民政府资源委员会中央电工器材公司电机厂工程师。

1942年7月，褚应璜远渡重洋留学，被公派到美国西屋电气公司进修，在那里他深入学习产品标准、产品设计、工艺技术、工厂管理和车间管理。

1945年，褚应璜代表中央电工器材公司与美国西屋电气公司谈妥了关于技术援助的各项事宜，并推动协议签订，最终获得400万美元贷款。同年9月，褚应璜担任中国驻美国西屋电气公司技术代表。此后，重视梯队培养的褚应璜精心安排我国数十名电工技术及管理人员赴美学习，这批人日后成为中国电机制造事业的中坚力量。

在远离战火的大洋彼岸，褚应璜并没有沉迷于优裕的生活。大学时期接受的进步思想早已在他心中埋下了革命的火种。在美国期间，他就秘密地与党组织建立了联系。

学成归来，报效祖国

1948年，40岁的褚应璜毅然回国。次年初，他拒绝了国民政府的高薪聘用，在中共上海地下党的帮助下由香港辗转来到北平，向周恩来等中共中央领导汇报了在美国西屋电气公司培训的工程技术人员的情况，并向中央提出了调集这批实习人员到东北建设中国电器工业基地的建议。中华人民共和国成立后，中央财政经济委员会批准了这个建议。1950年初，在褚应璜的积极动员下，分散在上海、湘潭等地的部分美国西屋电气公司的实习人员“集结”完毕，大家在褚应璜的带领下，团结一心，前往沈阳参加当时中国的经济建设。

褚应璜组织将中、小型电机、变压器、高低压电器按当时的苏联电工产品的样式、性能进行统一设计，成功实现机电产品配套的目标。他在推动东北电工技术人员学习苏联的技术标准方面做了大量工作。

与此同时，中国电力工业在当时苏联电力设计专家的指导下迅速发展，大量选用了自制的电力设备，提高了设备的自给率。

1952年底，褚应璜在中国机械工业会议上介绍了东北电器工业学习的先进技术、推行的技术标准和有关工厂设计方面的经验。同时，褚应璜主持研制了我国第一套800千瓦混流式水轮发电机组。1952年，这套水轮发电机组在四川下硐水电站安装完成。接着，他又主持了3000千瓦水轮发电机组的研制工作。

1953年，褚应璜被委任为国家第一机械工业部电器工业管理局总工程师，并负责筹建北京电器科学研究院。1955年，根据一位苏联科学院院士关于中国应早日实现铁道电气化的倡议，褚应璜向电力部、机械部领导推荐，并提出采用频率为50赫兹的单相制供电系统与电力机车选型等具体建议。这一建议对后来迅速实现宝成铁路秦岭段电气化及建立中国电力机车生产基地起到了有力的推动作用。这一年，褚应璜当选为中国科学院学部委员（院士）。

工作中的褚应璜

1956年，他参加了国家《1956—1967年科学技术发展远景规划》的制定工作，并主持编写了其中的电器工业部分。

20世纪60年代，褚应璜负责组织了第二代电工通用产品的统一设计，开始在中国推行国际电工标准，指导研制了10万千瓦水轮发电机组。他还组织了与冶金工业九大重点设备配套的直流电机及自动控制设备的设计与研制工作。

褚应璜从毅然归国投身国家建设，到推动电工技术创新，再到主持研制多项“中国第一”的发电设备，始终以实际行动诠释着“学成归来，报效祖国”的赤子之心。他的奋斗精神激励着一代代科技工作者将个人理想融入国家发展的洪流中，以科技之力铸就强国之基。

精神闪耀

鞠躬尽瘁强国梦，丹心一片报国情。褚应璜一生爱国，年轻时就提倡国货救国。他淡泊名利，美国西屋电气公司曾以高薪聘用他，但他一心报效祖国，婉言谢绝后毅然回国。

褚应璜在入党前就对党保持无限忠诚，一直以共产党员的标准要求自己。早在20世纪60年代初，褚应璜就提出了加入中国共产党的申请，但因种种原因未能入党。1985年3月，病危之际的褚应璜通过到医院探望自己的友人，向党组织表达了自己的信仰后，经批准正式加入中国共产党。那一刻，他的眼泪夺眶而出。

褚应璜将一生都奉献给了中国机电工业事业，他曾说："我认识的人多，所以我就在工厂和科研单位之间搭桥，目的是促使科研单位的研究成果能在生产上应用，为我国电工产品进入国际市场贡献力量。"

褚应璜不仅是顶尖的技术专家，也是工业领域难得的"将才"，在他的精心培养下，解放战争期间被派遣出国学习的技术人员，后来大多投身于祖国的工业化建设之中，并作出了巨大贡献。

院士小传

褚应璜（1908—1985），浙江嘉兴人。电工学家，中国科学院学部委员（院士）。

褚应璜多年来一直从事电机制造和高电压工程方面的研究工作，为我国电机工业的发展作出了重要贡献。在20世纪30年代，他研制成功我国最早的交流感应式异步电动机系列及电动机控制设备。他主持设计了哈尔滨电机厂第一期工程；负责筹建了北京电器科学研究院；参与制定了《1956—1967年科学技术发展远景规划》（电工部分）；指导研制了10万千瓦水轮发电机组，为我国自行生产大型水电机组奠定了基础。他还负责国际电工标准的技术咨询与推广工作，组织了我国中、小型电机及低压电器系列的设计及研制工作，为我国电器工业的发展作出了贡献。

潘德炉

海洋卫星遥感的拓荒人

哪个国家掌握了高科技，就会在海洋竞争博弈中掌握主动权。我理解的创新是一种使命，不是一个口号。

2020年6月11日，在太原卫星发射中心，“海洋”1号D卫星搭乘的“长征”2号丙运载火箭成功发射。大国重器，经略海洋。“海洋卫星”这一国之重器的拓荒者——海洋遥感专家潘德炉，从事卫星遥感技术研究已经数十年，是我国海洋水色遥感科学和遥感模拟仿真科学的奠基人之一，在国际海洋水色遥感界享有很高知名度。

简单说，海洋卫星就是为海洋要素和目标的探测而设计、发射的一种人造地球卫星，可以为海洋生物资源开发利用、海洋污染监测与防治、海岸带资源开发、海洋科学研究及海洋安全等领域提供服务。潘德炉说他自己这辈子只做了“一件事”，那就是通过从事卫星遥感技术研究报效祖国。

一定要有自己的海洋卫星

我们常常执着于去探寻天有多高，地有多大，海有多深。宇宙和海洋，在神秘色彩的笼罩中，吸引着一批又一批的科学家为之奋斗终身。潘德炉就是这样一位科学家，他依托海洋卫星，将流动的海与变幻的天联系在了一起。

1968年，从南京理工大学兵器系兵器物理专业毕业后，潘德炉进入了中华人民共和国国防科学技术工业委员会担任技术员，从事卫星连接器研究工作。

那么，潘德炉是怎样开始接触海洋遥感这一领域的呢？这和潘德炉晕船有关。20世纪70年代初，潘德炉调到坐落在杭州的国家海洋局第二海洋研究所，从事海洋物理研究。第一次出海，风高浪急，船身颠簸得厉害，潘德炉吐得“五脏颠倒”。随行的一位领导摇头叹息：“出海吐成这样，以后还怎么从事海洋工作呢？”一句话把潘德炉说得面红耳赤，也让他开始思索：海洋监测为什么一定要坐船到海上一个点一个点测量？为什么不能通过卫星来看呢？

晕船事件后，单位安排他当了电子器件仓库保管员。那段时光里，潘德炉开始勤跑图书馆，看文献，查资料，琢磨海洋遥感技术。当时，美国等国家已有海洋遥感技术，国内还是一片空白，潘德炉暗暗发誓要填补这片空白。

一次偶然的机会，潘德炉得知国家正在选拔出国深造的人才。凭借良好的英语基础和优异的成绩，他获得了一个宝贵的名额，开始了为期两年的加拿大求学之路。

学成归国后，潘德炉带回来几十个磁盘的资料。那时电子资料还只能用大磁盘来装，一个磁盘大约有一千克重，他一带就是几十个磁盘，行李十分沉重。为此，年轻的潘德炉想到了用扁担来挑磁盘。回国时，潘德炉用扁担挑着资料磁盘，顺利过了海关。

有了资料只是第一步，实时更新的遥感数据需要他国卫星提供。潘德炉创建了海洋水色卫星资料的地面接收站。在接收资料和使用他国卫星资料时，对方设了很多限制。“比如接收资料，人家会在地面接收站装一个黑匣子，每两个礼拜通过传真给我们发一个24位的密码，黑匣子才能‘吐’出我们（要）的资料。资料只能用他国提供的软件来处理。”

说起这些，潘德炉感慨，被人“掐着脖子”做科研的日子不好过，也就是那时，潘德炉下定决心：中国一定要有自己的海洋卫星。

创新是一种使命，不是一个口号

2002年，我国自行研制的“海洋”1号A卫星发射成功，实现了零的突破，也拉开了研发“海洋”1号卫星系列的序幕。

潘德炉说，“海洋”1号A卫星是我国自主研发的第一代海洋水色卫星，卫星上装载有海洋水色水温扫描仪和海岸带成像仪，主要用于海洋水色、水温环境要素探测。

2007年，我国第二颗海洋水色卫星——“海洋”1号B卫星搭乘“长征”2号丙运载火箭，于太原卫星发射中心成功发射。与“海洋”1号A卫星相比，B卫星的观测能力和探测精度得到了进一步提高。2018年，我国第三颗海洋水色卫星——“海洋”1号C卫星又一次成功发射。C卫星能源源不断地提供相关资料，可与世界上先进的海洋水色卫星相媲美。第四颗发射成功的系列卫星是“海洋”1号D卫星。这4颗卫星的成功发射与应用，标志着我国海洋水色系列卫星体系已经形成，并具有中国特色。

“从无到有的这条海洋（水色）卫星自主发展道路，走得很艰辛，但充满成就感，我们终于有了属于自己的核心技术。”潘德炉说，“哪个国家掌握了高科技，就会在海洋竞争博弈中掌握主动权。我理解的创新是一种使命，不是一个口号。”

进入21世纪，数据成了不可忽视的资源。海洋的浩瀚让人望而生畏，但有了大数据的加持，就可以克服一些因为统计不全所形成的偏差，从而得到一个相对准确的结论。“智慧海洋是海洋智能化技术革命4.0，是经略海洋的神经系统；大数据是智慧海洋建设的灵魂，没有大数据就没有智慧海洋。”潘德炉是具有前瞻性的科学家，他深知建立卫星系统之后，更重要的是利用好这些从遥远的太空跨越万里来到人们面前的数据，形成属于我们国家自己的海洋遥感大数据库。

潘德炉认为，海洋遥感技术的最终目的就是服务百姓、造福人民。在他的家乡浙江，海洋遥感技术已被广泛应用于渔业。原来渔民都是凭经验，靠着听音、观色来判断哪里有鱼群，而现在有了海洋遥感技术，就可以迅速而准确地定位鱼群，这大大地提高了捕捞的效率。除此之外，海洋遥感技术还能起到海洋灾害预警的作用，可以及时提醒海洋牧场等采取防范措施，避免重大损失。我国的海洋遥感技术从一开始的“一穷二白”，到如今享誉国际，是以潘德炉为首的海洋遥感科学家们半个世纪辛勤探索和不懈奋斗换来的成果。

自然资源部第二海洋研究所

精神闪耀

“团结、实干、贡献、共享”，这是潘德炉所在团队的文化图腾，几十年来他们默默守护这八个字，不曾变过。

潘德炉说，在当前的科学发展新形势下，科研离不开团队建设。最让他感到欣慰的就是创建了一个优秀的团队。为获取第一手关键数据并进行海洋遥感成果的验证，每年团队里许多研究人员都会主动申请长时间出海，有时出海时间甚至长达200天。

说起年轻一代的科学家，潘德炉怀着殷切的希望：“海洋遥感需要大量的资料积累，遥感技术的发展是长期积累、一代代努力的结果。”他经常对自己的学生说，每个人都要有一颗报效祖国的心，踏实肯干，勤奋研究，为中国的未来贡献自己的才智，实现人生价值。

这些年，潘德炉也经常去国内涉海类高等院校演讲、授课。潘德炉表示，做一名新时代合格的大学生，就是要做一个有回报心、爱问问题、逻辑思维清晰、有冒险想法、大度、有团队精神的人。他还指出，大学期间，大学生有四大任务，即“规划人生”“学习生存知识”“懂得生活”“结交朋友”；大学生要注重提升自身的思想道德、科学文化、身体与心理素质，努力掌握“提出问题”“分析问题”和“解决问题”的能力。

院士小传

潘德炉，1945年出生，浙江东阳人。海洋遥感专家，中国工程院院士。

1964年，潘德炉从浙江省东阳中学毕业并考入南京理工大学，1968年毕业于南京理工大学兵器物理专业。毕业后，潘德炉进入中华人民共和国国防科学技术工业委员会1423研究所工作。两年后，转入国家海洋局第二海洋研究所（现自然资源部第二海洋研究所）。

潘德炉从1977年至今一直从事海洋遥感技术研究，是我国海洋卫星遥感技术的主要开创人之一，也是国际海洋水色协调组的共同发起人。他推动我国海洋卫星遥感事业从无到有、从弱到强，直至进入国际先进行列，同时为浙江省的海洋环境监测事业作出了重大贡献。

他曾获国际遥感科学成就奖、国家科学技术进步奖特等奖、浙江省科学技术重大贡献奖、光华工程科技奖工程奖等。

后　记

之江院士，国之脊梁，之江楷模。钟灵毓秀的浙江大地，学者志士辈出，院士众多。记录这批院士，挖掘院士成长故事，将科学家精神变为一个个故事传承下去，是我们的责任和使命，遂有《之江院士成长之路》这套丛书。丛书从七年前开始策划，广泛收集了百余位院士资料，最终结集为《之江院士成长之路　贡院启航》《之江院士成长之路　求是菁华》《之江院士成长之路　明州俊杰》《之江院士成长之路　钱江潮涌》四本，记录着一个个之江院士成长与奋斗的故事。

《之江院士成长之路　钱江潮涌》聚焦院士们成长、奋进的早年岁月，深入展示了他们的科研追求与探索历程，其中既有历史档案的印记，也包含院士们的珍贵留影和亲笔寄语，通过丰富的图片资料，向读者呈现了一幅幅生动的画卷。

本书不仅是院士成长的缩影，更是一部传承“经世致用”精神的启示录。科学之路无坦途，唯以笃行致远方。愿这些故事能点燃青少年心中的科学火种，激励他们以院士为楷模，在追寻真理的道路上笃行不怠。

在本书编撰过程中，团队始终恪守真实、客观、生动的原则，于浩繁史料中抽丝剥茧，在严谨考证中还原历史。我们力求以平实而深情的笔触，展现院士们如何将个人理想熔铸于国家需求。本书的完成，离不开众多专家、学者和单位、机构的鼎力支持：丛书主编徐善衍先生与执行主编司马一民先生，他们以渊博学识与独到眼光，为全书脉络与细节把关，赋予文字以思想的深度；潘德炉院士、龚晓南院士等专家，他们在百忙之中拨冗审阅书稿，提出了宝贵的修改意见。浙江省科协等单位机构为本书的编写提供了重要支持与协助。在此，一并致以衷心感谢！

最后，要特别感谢丛书总策划、浙江教育出版社集团总编辑蒋婷女士，从策划到出版，她全程倾注心力，为本书的品质保驾护航，让这部记录之江院士成长之路的作品圆满问世。愿此书化作一盏灯，照亮后来者的科学征途，亦让之江院士的精神薪火永传。

本书中史料庞杂，虽经反复校核，疏漏之处难免，恳请读者不吝指正，以待再版修订。书中图片由院士本人、浙江省科协、中国工程院网站和中国科学院院士文库网站等提供，但部分图片因各种原因未能与著作权人取得联系，请尽快与我们联系，以便妥善处理相关事宜。

编　者

2025年5月

图书在版编目（CIP）数据

钱江潮涌 / 司马一民执行主编 ; 潘卓盈编著. 杭州 : 浙江教育出版社, 2025. 5. -- (之江院士成长之路 / 徐善衍主编). -- ISBN 978-7-5722-9824-0

Ⅰ. I25

中国国家版本馆 CIP 数据核字第 2025GE1116 号

之江院士成长之路　钱江潮涌

ZHIJIANG YUANSHI CHENGZHANG ZHI LU　QIANJIANG CHAOYONG

丛书主编　徐善衍

执行主编　司马一民　　编　著　潘卓盈

总 策 划　蒋　婷
责任编辑　张维宁
营销编辑　滕建红
美术编辑　曾国兴
封面设计　数传(上海)企业发展有限公司
责任校对　王　超
责任印务　刘　建
出版发行　浙江教育出版社
(杭州市环城北路177号　　电话:0571-88902128)
图文制作　杭州兴邦电子印务有限公司
印刷装订　浙江新华印刷技术有限公司
开　　本　787mm×1092mm　1/16
印　　张　13.5
字　　数　270千字
版　　次　2025年5月第1版
印　　次　2025年5月第1次印刷
标准书号　ISBN 978-7-5722-9824-0
定　　价　98.00元